미래를 결정하는 공부 습관,

초등 고학년 때 달려 있다

미래를 결정하는 공부 습관,

초등 고학년 때 달려 있다

초판 1쇄 인쇄 | 2013년 5월 30일
초판 1쇄 발행 | 2013년 6월 5일

지은이 | 조영경
펴낸이 | 박영욱
펴낸곳 | 북오션

경영총괄 | 정희숙
편집 | 이상모 · 임은희
마케팅 | 최석진
표지 및 본문 디자인 | 서정희

주 소 | 서울시 마포구 서교동 468-2번지
이메일 | bookrose@naver.com
트위터 | @Book_ocean
페이스북 | bookocean
카 페 | http://cafe.naver.com/bookrose
전 화 | 편집문의 : 02-325-5352   영업문의 : 02-322-6709
팩 스 | 02-3143-3964

출판신고번호 | 제313-2007-000197호

ISBN 978-89-6799-015-2 (13370)

*이 도서의 국립중앙도서관 출판시도서목록(CIP)은 e-CIP홈페이지(http://www.nl.go.kr/ecip)
 와 국가자료공동목록시스템(http://www.nl.go.kr/kolisnet)에서 이용하실 수 있습니다.
 (CIP제어번호 : CIP2013003281)

미래를 결정하는 공부 습관,

초등 고학년 때 달려 있다

조영경 지음

북오션

　예전에는 초등학교, 중학교 때까지 성적이 나빴던 아이가 고등학교에 가면서 갑자기 성적이 올랐다는 이야기가 제법 있었다. 하지만 말 그대로 옛날이야기다. 요즘 부모들은 태교로 《수학 정석》 문제집을 풀고 영어 테이프를 듣는다. 일찍부터 자녀 교육에 귀를 기울이고 강압적이든 자율적이든 자녀 학습에 온 신경을 곤두세우기 때문에 이제는 초등학교 때 공부 잘하는 아이가 끝까지 좋은 성적을 유지하는 경우가 더 많다. 그래서 초등학교 때부터 아이에게 공부에 대한 개념을 잡아주지 않으면 중학교나 고등학교에 가서 공부에 두각을 나타내기 아주 힘들다. 그러다 보면 아예 공부 쪽은 담을 쌓을 수도 있고 뒤늦게 공부를 해보려고 해도 노력만큼 실력 발휘가 되지 않을 수도 있다.

　그렇다고 부모가 언제까지 하나하나 챙겨 가며 학습에 도움을 주는 것도 불가능하다. 우선 부모 세대 때와 지금 자녀의 교과 과정, 공부 방법, 평가 기준 등이 완전히 바뀌었다. 옛날 생각만 하고 '초등학교 공부쯤이야' 하고 생각하면 오산이다. 오죽하면 초등학생 자녀에게 수학을 가르치기 위해 공부했더니 학원 선생님이 되었다는 말까지 나올까.

초등학교는 어떻게 넘어간다고 하더라도 중학교, 고등학교 공부는 부모가 가르치기에 한계가 있다. 부모는 자녀에게 교과서 내용을 가르치는 것이 아니라 학습 방법을 가르쳐야 한다. 물고기를 잡아 주기보다 물고기 잡는 방법을 알려 주어야 한다는 말이다.

몇 년 전부터 학부모들 사이에서 자기주도학습이라는 말이 유행이다. 뜻은 스스로 주도하여 공부한다는 것이니 이보다 더 좋은 것이 있을까 싶지만, 이 말에 조금 오해가 있는 듯하다.

아이에게 처음으로 한글을 가르쳤을 때를 돌이켜보자. 아이가 한글을 깨우치고 곧바로 책을 읽고 이해했던가. 전혀 그렇지 않다. 아이 혼자 책을 읽고 이해하는 데는 제법 많은 시간이 걸렸다. 한글을 깨우친 것은 하나의 도구를 얻었을 뿐이고 글을 이해하는 데는 부모의 도움이 필요하다. 옆에서 같이 책을 읽고, 모르는 단어를 설명해 주고, 무슨 이야기인지 서로 대화를 나누는 훈련을 거듭해야 비로소 아이가 혼자 책을 읽게 되는 것이다.

자기주도학습도 마찬가지다. 아이가 "이제부터 저 혼자 공부를 시작하겠습니다" 하며 부모의 도움이나 간섭 없이 혼자 모든 것을 척척 해내는 일은 없다. 성공적인 자기주도학습자가 되기 위해서는 공부 습관이 완전히 몸에 익을 때까지 부모가 도와주고 지도해 주어야 한다. 너무 늦으면 큰 효과를 볼 수 없다. 초등학교 4학년 시기부터 아이의 성격이나 성적이 결정되므로 늦어도 이때부터 자기주도학습을 익혀야 중학교·고등학교에 가서 부모들이 바라는, 혼자 알아서 공부하는 아이가 된다.

그리고 아이가 효율적인 자기주도학습자가 되기를 바란다면 스스로를 존중할 줄 아는 마음을 가지도록 지도해야 한다. 요즘 아이들의 세계는 부모 세대 때와 다르다. 왕따도 있고 학원 폭력도 있다. 물론 부모 세대 때도 문제아가 있었을 것이다. 하지만 지금 아이들은 그 정도가 어른이 상상하는 것 이상이고 피해 정도도 심각하다. 그런 학교와 그런 사회에서 우리 자녀가 올곧게 자라게 하려면 자녀 스스로 자신을 사랑하고 존중하는 마음을 갖도록 해야 한다. 가만히 보면 공부 잘하는 아이들이 성격도 좋다. 얼굴도 예쁘고 잘생겼으며 단정하다. 스스로를 존중할 줄 아는 아이들은 어떻게 하면 다른 사람에게 존중받는지 잘 알고

있다. 그렇기 때문에 모든 일에 최선을 다하고 그러다 보니 자신감으로
꽉 차 있어 정신적으로나 육체적으로 건강하다. 자기주도학습에도 적
극적이며 성적이 떨어져도 실망하거나 포기하기보다는 자신의 가치를
높이기 위해 더욱 노력한다.

공부가 인생의 전부가 아니며 행복이 성적순도 아니다. 하지만 학생
에게 공부는 세상을 살아가는 방법을 배우는 첫 단계다. 부모들 또한
그것을 알고 있으니 자녀들에게 공부에 대한 이야기를 많이 한다. 때로
는 성적을 들먹이고 다른 아이들과 비교하며 자녀에게 중압감을 주기
도 할 것이다. 하지만 그 전에 존중과 대화와 관심으로 아이를 대하기
바란다. 내 아이가 어떤 성격이고 어떤 상황인지를 파악한 후에 공부든
성적이든 서로 이야기하고 지도한다면, 무조건적인 억압보다는 훨씬
좋은 효과를 거둘 수 있을 것이다.

PART 1

초등학교 고학년, 엄마의 고민이 시작된다

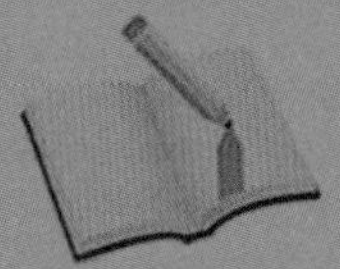

아이가 초등학교 4학년 정도 되면 부모의 불안이 시작된다. 아이의 공부에 이것저것 간섭도 하게 되고, 학원도 알아보고 과외 선생님도 알아보고, 공부 잘하는 아이가 푸는 문제집을 구해 보기도 한다. 그렇게 부모는 아이의 공부를 위해 사방으로 뛰어다니는데, 정작 당사자인 아이는 태평하다. 부모가 옆에서 아무리 난리를 쳐도 '엄마가 왜 저럴까' 하며 강 건너 불구경 하는 식이다.

1
엄마는
걱정이 태산이다

부모와 아이 모두 초등학교에 첫발을 들이던 순간을 잊지 못할 것이다. 어린이집에, 유치원에 단련이 되었다고 해도, 비로소 학부모가 되고, 학생이 되는 순간이기 때문이다. 설레기도 하고 긴장되기도 한다. 이전까지와는 비교도 안 되게 커져 버린 집단 속에서 과연 내 아이가 적응은 잘할지, 아이들에게 괴롭힘은 당하지 않을지, 학교에서 부당한 대우는 받지 않을지 하루하루 마음 편할 날이 없었을 것이다.

그래도 시간이 지나고 학년이 올라가면서 그때가 언제였나 싶게 아이든 부모든 익숙해져 간다. 그렇게 적응을 마치면 이제 진짜 머리 아픈 일이 시작된다. 바로 공부다. 성적으로 평가받는 학부모 역할이 시작된 것이다.

초등학교 4학년부터 학교 수업에 많은 변화가 생긴다. 과목도 늘어나고 내용도 어려워진다. 새로운 용어가 쏟아져 나오고 숫자의 단위가 높아진다. 이렇게 교과서 수준은 높아지는데 아이의 공부 양이 그대로라면 당연히 성적에서 표가 난다. 초등학교 저학년 때는 시험 전날 교과서를 대충 읽고 문제집만 풀어도 얼추 높은 성적이 나왔겠지만 이제는 아니다. 초등학교 저학년 시험에서 올백 맞았으니까, 머리가 좋으니까 계속 잘하겠지, 하며 여유를 부렸다가는 나중에 학습 진도를 따라가지 못해서 낭패를 볼 수도 있다. 이제 더 이상 벼락치기로 높은 점수를 받는 일은 없을 것이다.

그렇기 때문에 아이가 초등학교 4학년 정도 되면 부모는 불안해진다. 아이의 공부에 이것저것 간섭도 하게 되고, 학원도 알아보고 과외 선생님도 알아보고, 공부 잘하는 아이가 푸는 문제집을 구해 보기도 한다.

그렇게 부모는 아이의 공부를 위해 사방으로 뛰어다니는데, 정작 당사자인 아이는 태평하다.

그러다 보니 부모와 자녀 사이에 갈등이 생기기 시작한다. "너는 욕심도 없니" "이 다음에 커서 뭐가 되려고 그러니" "이렇게 해서 대학이나 갈 수 있겠니" 하며 잔소리가 시작된다. 아이는 아이대로 사춘기가 시작되는 나이에 부모의 말을 고분고분 들을 리가 없다.

보통 공부에 대한 부모의 기대치는 아이들의 기대치보다 높다. 시험 성적을 받고 아이는 '이 정도면 됐어' 하는데, 부모는 더 높은 목표를 내놓으며 아이를 닦달한다. 그런데 아무리 난리를 쳐도 아이는 별 관심이 없다. 오히려 부모의 기대를 신경 쓰지 않거나 코웃음 치는 경우도 있다.

그러면 부모는 고민에 빠지게 된다. 다른 아이들은 시험 점수가 조금만 떨어져도 울고불고 난리인데 우리 아이는 왜 이렇게 태평일까? 공부에 악착같이 매달리고, 자기가 해야 할 일은 좀 야무지게 하면서 제 앞가림도 잘하면 얼마나 좋을까? 우리 아이는 공부에 욕심이 없는 걸까?

시야를 조금 넓혀보자. 지금 우리 아이들의 삶에서 공부는 극히 일부분에 불과하다. 다른 누군가가 정해준 것이지, 내 스스로 정한 것은 아니다. 부모가 아이의 성적에 관심이 많은 이유는 공부를 잘하는 아이들이 자기 앞가림도 잘하고 학교 생활도 반듯하고 야무진 아이일 것이라 생각하기 때문이다.

공부 잘하는 아이들은 단순히 머리가 좋아서 성적이 좋은 것이 아니다. 부모가 관리를 잘해주기 때문만도 아니고, 원래 성실하고 부지런한 성격이어서 그런 것도 아니다. 흔히 말하는 야무진 아이들이란 머리가 좋은 아이들이라기보다는 자아존중감, 즉 자존감이 높은 아이들이다. 자존감이 높은 아이는 자기 능력에 대한 신뢰감이 높아 학습 목표가 높은 편이다. 부모가 바라는 수준을 당연하게 받아들이고 오히려 부모의 기대치가 자신의 생각보다 낮으면 자존심에 상처를 입기도 한다.

자존감은 '자기 스스로를 존중하는 마음'을 말한다. 이 시기 아이에게 자존감만큼 중요한 것은 없다. 미국 하버드대학 조세핀 킴 교수는 '자존감은 인생을 살아가는 데 꼭 필요한 핵심 요소 중 하나다. 자존감은 학업뿐 아니라 삶의 거의 모든 영역에 영향을 준다'고 강조했다.

자존감이 높은 아이들은 일상생활은 물론 공부에 대해서도 목적의식이 뚜렷하다. 목표를 이루기 위해 새로운 과제를 만날 때마다 적극적인 자세로 도전한다. 적극적인 자세는 당연히 성공 가능성으로 이어진다.

어른들이 보기에는 한없이 철없어 보이지만, 초등학교 고학년 아이들은 이미 공부에서 실패와 성공을 맛보았다. 공부 때문에 자존감에 상처를 받기도 한다. 3학년 때 50점 받은 것과 4학년 때 50점 받은 것은 다르다. 아이도 성적표를 받아 들고 속으로 '이제 어떻게 하지' 하고 덜컥 겁을 먹기 시작한다.

문제는 성적이 떨어졌을 때 그 실망감을 이기지 못하고 열등감이나 무기력함에 빠지는 경우다. '나는 해도 안 돼' '해봤자야' 라고 생각하면 지금 당장의 성적이 문제가 아니다. 아이에게 앞으로 공부할 힘과 살아갈 힘을 먼저 챙겨주어야 한다.

자존감이 높은 아이들은 성적이 떨어져도 심기일전한다. 기본적으로 자기 존재에 대한 애정이 밑바탕에 깔려 있기 때문에 낙담한 자신을 추스르고 포기하지 않는다. 이런 경험을 하기에 스스로 유능한 학생이 되는 것이다.

학생에게 성적은 중요하다. 하지만 내 아이를 공부 잘하는 유능한 학생으로 키우고 싶다면, 내 아이가 지금 당장 몇 점을 받고 반에서 몇 등인지를 체크하기 전에 내 아이의 자존감은 어느 정도인지 확인하기를 바란다. 우리 아이는 왜 못할까 걱정하기 전에, 아이가 스스로를 어떻게 생각하는지를 먼저 알아야 한다.

● 고학년, 사춘기를 대비할 때

개인차가 있겠지만 초등학교 고학년이 되면 슬슬 사춘기가 시작된다. 감성이 예민해지고 쉽게 짜증을 낸다. 부모에게 반항하고, 가족보다는 친구와 어울리기를 좋아하며, 친구와의 관계를 더 중요하게 여긴다. 거짓말이 늘기도 하고 사사건건 부모와 부딪혀 갈등의 골이 깊어간다. 대화를 하다가 버럭 소리를 지르거나 자기 방에 들어가며 방문을 부서져라 쾅 닫아 걸어 잠그기도 한다. 부모들은 그런 아이의 모습에 당황해 화를 내기도 하고 호통을 치기도 한다. 돌이켜보면 부모 세대도 다 겪어온 일이다.

과거에는 사춘기 문제의 원인을 호르몬에서 찾았다. 호르몬의 변화로 감수성이 예민해지거나 반항심이 생긴다고 생각했다. 하지만 최근에는 그 원인을 뇌에서 찾고 있다.

사람의 뇌는 열세 살을 전후로 폭발에 가까운 성장을 한다. 특히 판단과 사고를 담당하는 뇌의 전두엽 부분이 발달하고 있는 시기라 사춘기 아이들이 충동적인 행동을 한다는 것이다. 전두엽이 채 자라지 않았기 때문에 사춘기 아이들은 이성적으로 판단하지 못하고 충동적이며 상대방이 아무 감정 없이 내뱉은 말에도 민감하게 반응한다.

어느 목사가 말하기를, 사춘기의 뇌파는 정신병자와 비슷하다고 한다. 사춘기 아이의 뇌는 일단 정상이 아니란 말이다. 그런 아이를 억지로 부모에 맞게 길들이려는 것 자체가 무의미하다. 사춘기는 일생에 누구나 한 번, 성장을 위해 변화하는 시기다. 이 시기를 제대로 보내지 않으면 성인이 되었을 때 더 심각한 영향을 불러온다. 일부 특목고는 사춘기를 올바르게 보내지 않으면 최고의 영재라도 입학할 수 없다고 한다.

부모의 역할은 사춘기를 억지로 바로잡는 것이 아니다. 부모가 자신의 사춘기 시절을 되돌아보며 아이 입장에서 이해하려는 마음으로 바라본다면, 아이는 어느새 부드러운 눈빛으로 돌아와 있을 것이다. 부모는 모르지만, 밖에서 본 아이는 생각보다 더 성숙한 애어른일지도 모른다.

아이는 사춘기라는 지독한 성장통을 겪으면서 어려워지는 학교 공부로부터 압박을 받는 이중고에 시달린다. 초등학교 고학년은 안팎으로 많은 변화에 휘둘릴 시기다.

부모가 자기 어린 시절의 경험만큼 아이들에게 끼워 맞춰서는 안 되는 것이 있다. 바로 학교 수업이다. 요즘 초등학교 교과 과목의 수와 내용 그리고 문제를 풀어가는 방식 등이 부모 세대 때와는 많이 다르다. 아마 아이 공부를 가르치다가 당황한 부모도 꽤 많을 것이다. 내용을 몰라서가 아니다. 문제 접근 방식 자체가 다르다. 따라서 부모도 따로 시간을 내 공부해야 한다. 같은 초등학교 교과 과정이라고 해도 고학년이 될수록 그 정도가 더욱 심해진다.

고학년이 되면 서술형 문제가 많이 나온다. 지금까지 풀어 왔던 문제 형식과 다르다는 이유로 아이의 성적이 떨어지기도 한다. 초등학생의 문장 이해력은 대체로 낮은 편이다. 복잡한 사고는 열세 살 이후에나 발달한다고 하니, 지금 당장 서술형 문제를 잘 못 푼다고 우리 아이의 학습력이 떨어지는 것은 아니라는 말이다. 앞뒤 상황은 생각하지도 않고 성적이 떨어졌다고 다른 아이나 형제와 비교한다든지, 저학년 때를 들먹이며 아이를 나무라지 말자. 작년에 90점 받던 아이가 80점 받았다고 마치 큰일이라도 난 듯이 부모가 호들갑을 떨고 불안해하면 아이도 함께 불안해한다. 부모의 말 한마디 한마디에 상처를 받고 겁먹고 두려워하며 스스로를 공부 못하는 아이로 생각하게 된다.

아직은 초등학생이다. 중학생보다 여유가 있으며 고등학생보다 기회가 많다. 아이와 함께 성적이 떨어진 이유가 무엇인지 생각해 보고 대처할 시간은 아직 있다.

○ 일관성 있는 엄마가 좋은 엄마다

서점에 가면 교육서가 넘쳐난다. 교직에 몸담은 교사가 쓴 책, 스타 학원 강사가 쓴 책, 일류 대학에 들어간 학생이 쓴 책이나, 성적을 올리는 특별한 공부 방법에 대한 책 등 종류가 많다.

이 책들을 구입한 부모들은 대부분 책 내용을 그대로 내 아이에게 적용시켜 성적을 올리려 할 것이다. 책을 보면 각종 연구진들의 결과물을 인용하기도 하고, 노트 필기법이나 암기법, 계획 세우기 등이 잘 정리되어 있어 금방이라도 성적이 올라갈 것 같은 기분이 든다. 그런데 막상 내 아이에게 시켜 보면 쉽지 않다는 것을 금세 깨닫게 된다.

각종 미디어에서는 하루가 다르게 교육 정보가 쏟아져 나온다. 이런 저런 이름을 붙여 각종 공부법이 유행처럼 돌고, 엄마가 셋만 모이면 어느 학원이 좋다더라 하며 아이들을 소 몰듯이 학원으로 몰아 댄다.

그런데 아이 교육에서 얕은 지식은 장애만 될 뿐이다. 옛날 생각만 하고 부모 자신의 경험만 고집하거나, '카더라' 식의 소문에 휘둘리면 교육에 대한 기준이 흔들리기 쉽다. 아이를 위해 부모도 자신을 돌아봐야 한다. 잘못된 고정관념을 버리고 구체적인 정보를 받아들여야 한다. 아이만큼 부모도 노력이 필요하다. 수많은 정보 속에서 내 아이가 할 수 있는 공부 방법을 찾아서 따라하도록 함께 노력해야 한다. 성격과 환경에 맞는 공부 방법을 찾으면 아이는 공부의 리듬을 잡고 스스로 실천하게 된다. 다른 아이의 공부는 신경 쓰지 말자. 공부하다가 좌절도 하고 만족도 해봐야 '내 공부'를 한다는 생각을 하게 된다.

모든 공부 방법이 일등을 하게 해주는 게 아니다. 소문난 공부 방법이 모든 아이에게 맞는 것도 아니다. 아이에게 맞을 수도 있지만 반대로 전혀 맞지 않을 수도 있다. 모든 정보가 정답일 수는 없다.

소위 유행하는 공부법을 며칠, 몇 주 정도 했다고 효과를 보는 것이 아니다. 새로운 공부 방법을 익히려면 적어도 3~6개월은 필요하다. 공부 방법이 아이에게 적당한지 아닌지를 알려면 적어도 시험을 한두 번 봐야 한다. 겨우 한 달 정도 공부해 보고 맞는지 아닌지 결정 내리는 것은 성급한 판단이다. 새로운 공부 방법이 나왔거나 다른 아이가 효과를 봤다고 해서 내 아이도 쫓아갈 필요는 없다. 아이가 한두 번 게으른 모습을 보였거나 성적이 떨어졌다고 부모가 조바심을 내며 개입해서는 안 된다. 급한 마음에 학원을 알아보고 과외 선생님을 찾으면 아이는 '난 혼자 못해' 라고 생각하고 포기해 버린다.

● 공부의 양이 아니라 방법을 생각해 보자

만약 학습 양에 비해 성적이 오르지 않는다든지, 공부에 영 취미가 없다면 공부 방법을 체크해볼 필요가 있다. 그렇다고 지금까지 봐오던 책을 한꺼번에 바꾸거나, 저녁형 아이를 억지로 하루아침에 아침형 아이로 만들 수는 없다. 일상생활이나 학습지에 대한 태도를 조금씩 달리하는 것부터 시작하자. 특히 자기주도학습 쪽으로 방향을 잡으려는 계획이라면 자녀도 부모도 조금은 여유를 가지고 생활 패턴을 바꿔 나가도록 하자.

처음부터 끝까지 아이 혼자 하게끔 해서는 안 된다. 부모는 옆에서 여러 가지 방법을 알려주고 아이가 실천할 수 있도록 이끌어 주어야 한다. 아이의 평소 생활과 성격 등을 고려해 자연스럽게 공부하도록 도와주어야 하며, 잘 따라오지 못하면 머릿속에 넣어 두었다가 몇 개월 뒤 다시 한 번 해보며 발전시켜 나가야 한다. 스스로 하는 공부를 긍정적으로 생각할 수 있도록 격려하고 칭찬해야 함을 잊지 말자.

칭찬과 관심을 받으면 학습 능률이 올라 좋은 결과를 얻는다. 누군가 나를 존중하고 나에게 무언가를 기대하고 있다면 거기에 부응하려고 노력하기 때문이다. 미국의 사회학자 로버트 머튼은 이를 '자기충족적 예언'이라고 했다. 교육심리학에서는 타인의 기대나 관심에 따라 능률이 오르거나 결과가 좋아지는 현상을 '로젠탈 현상'이라고 하며, 플라세보 효과도 자기 충족적 예언과 같은 맥락이라고 한다.

《칭찬은 고래를 춤추게 한다》라는 책 제목이 유행어처럼 번진 적이 있다. 아이를 키우는 과정에서 칭찬은 아이에게 자신감을 심어 주며 적극적인 성격 형성에도 도움이 된다는 이야기를 많이 들었을 것이다.

분명히 칭찬은 중요하다. 옆에서 잘한다 잘한다 하면 아이는 어깨가 으쓱해지고 스스로를 자랑스럽게 생각할 것이다. 그런데 대부분 어른들이 과정보다는 결과에 초점을 둔 칭찬을 한다. "~했으니까 잘했어" "~하다니 대단한데?" 이런 말을 들은 아이는 좋은 결과물을 만들어야 사랑받을 수 있다고 착각하게 된다. 그리고 과정은 어떻든 결과에 집착하는, 약은 아이가 될 수 있다.

칭찬보다는 격려에 더 힘을 쏟자. 격려는 결과가 아니라 과정에 초점을 두고 있다. 아이가 무엇인가를 해나가는 과정에서 실패했을 때도 응원을 해주는 것이 중요하다. 그 과정에서 아이는 자신이 가치가 있는 사람이며 잘할 수 있는 사람이라는 긍정적인 마음을 갖게 되고 더욱 열심히 하려고 한다.

"공부하느라 수고 많았어" "시험 보느라 힘들었을 텐데 맛있는 거 먹자" "다음에는 더 잘할 수 있을 거야" 같은 말로 다독여 주자. 좋은 학원을 여러 군데 보내는 것보다 이런 말 한마디가 아이에게 더 큰 힘이 될 것이다.

2

초등학교 고학년 아이들의 사생활

○ 우리 아이의 친구는 누굴까

초등학교 시기에는 친구나 또래의 영향을 많이 받는다. 학년이 올라갈수록 인지 능력이 발달하고 감정이 세분화되면서 친구 관계도 점점 복잡해진다.

아이는 교우 관계에 따라 학교 생활까지 영향을 받는다. 마음에 드는 친구들끼리 모여 집단을 만들고, 조금 더 학년이 올라가면 집단끼리 서로 벽을 쌓아 다른 친구들의 접근을 막아 버린다. 그렇게 되면 각 집단끼리 경쟁이 일어나게 된다. 그것이 싸움이나 따돌림, 학대, 언어 폭력으로 나타난다. 그렇기 때문에 부모는 내 아이가 어떤 친구를 사귀고 있는지 파악할 필요가 있다.

저학년 때 친구는 같이 노는 상대다. 아이는 친한 친구보다는 함께 생활하면서 같이 노는 친구에 대해 이야기한다. 이 시기의 친구는 수시로 바뀔 수도 있다. 간혹 아이들끼리 싸우거나 괴롭힘이 있더라도 아직은 선생님의 훈육으로 잘 마무리된다. 계속적으로 문제가 발생한다면 문제 아이의 애정 결핍이나 학습 과잉, 과보호 등으로 인한 스트레스 등을 의심해 봐야 한다. 이런 경우 자신의 스트레스를 풀기 위해 친구와의 문제를 일으키는 것이므로, 가정에서 아이의 스트레스를 줄여 주어야 한다.

그런데 고학년으로 올라가면 친구는 단순히 놀이 상대가 아니다. 내 편이 되어 주는 든든한 동지가 된다. 가족보다는 친구와 지내는 시간이 많아지고, 부모보다 친구와의 관계나 약속을 더 중요하게 여기는 경우도 있다. 그렇기 때문에 이때 친구 관계를 잘못 맺으면 흔히 '친구를 잘못 만나 사고 쳤다'는 식의 문제가 발생한다.

친구와 싸우는 횟수는 되레 고학년이 될수록 줄어든다. 대신 서로 자존감에 상처를 주는 행동을 많이 한다. 자존심을 건드린 아이와는 상대를 하려 하지 않으므로 내 아이가 친구들에게 어떻게 행동하며 관계를 잘 이어 나가는지 확인할 필요가 있다.

친구가 별로 없는 아이는 혼자 고립되면서 학교에 가기 싫다고 하고 선생님이나 친구에 대한 불만을 이야기한다. 학습 의욕이 줄어들기도 하며 매사에 자신감이 떨어지기도 한다.

자녀에게 친구를 만들어 주고 싶다면 아이가 돋보일 수 있는 재능을 계발해 주는 것이 좋다. 다른 아이보다 잘하는 것이 있으면 당연히 선생님의 칭찬을 받게 된다. 아이들 사이에서도 눈에 띄기 시작하면서 자연히 다른 아이들의 관심을 끌게 될 것이다. 무엇보다 내가 친구보다 우월하다는 느낌을 받으면 아이는 학습 능력이 높아진다. 그 과정에서 친구도 생기고 좋은 교우 관계를 형성해 나갈 수 있다.

교우 관계는 단순히 친구가 많고 적고의 문제가 아니다. 학업과도 연관이 있기 때문에 부모의 관심이 필요한 부분이다.

친구와 잘 지내는 아이는 밝고 생기가 넘친다. 친구가 많은 아이는 친구들과 놀고 싶어 학교 가기만을 기다린다. 학교를 좋아하면 공부에도 재미를 느끼고 잘하게 된다. 다시 말해 친구 관계가 원만해야 학교 생활, 학습 태도도 좋아지는 것이다. 그렇지 못한 아이는 표정부터 어둡다.

아이는 친구들 사이에서 따돌림 받는 것을 매우 두려워한다. 그 공포에 빠지지 않게 하는, 또는 빨리 꺼내는 방법이 관심과 대화다.

아이의 말수가 갑자기 줄거나, 자다가 놀라거나, 물건이 없어지거나, 돈을 달라는 일이 많아지며, 방에 혼자 있으려 하면 되도록 빨리 담임선생님과 상담해서 아이의 친구 관계를 파악해야 한다.

무엇보다 가장 중요한 것은 부모와의 대화다. 부모는 학교에서 혼자 섬이 되어버린 아이를 보듬어 주고 대화를 통해 믿음을 보여 주어야 한다. 아이와 대화하며 친한 친구가 누구인지, 어떻게 지내고 무엇을 하고 노는지 자주 물어보자.

그리고 사춘기에 접어들 이 무렵, 동성 친구뿐만 아니라 이성 친구와의 관계도 중요해진다. 이성 친구는 공부에 큰 지장을 준다. 그리고 이성 친구와 어울리는 법을 제대로 배우지 못하면 어른이 되어서 잘못된 이성 관계를 맺기 쉽다. 무조건 '안 돼' 가 아니라 관심을 가지고 대화를 통해 아이와 소통하는 것이 중요하다.

아이는 집에서 학교에서 그리고 친구들 사이에서 각각 다른 모습을 가지고 있다. "우리 애는 그럴 애가 아닌데요"라는 말은 엄마가 아이에 대해 제대로 알지 못한다는 뜻이다.

'엄친아 일진' 이라는 말을 들어 봤을 것이다. 보통 '일진' 이라고 하면 공부 못하고, 문제 가정에서 자란, 싸움 잘하는 문제아와 반항아 등 부정적인 말이 떠오를 것이다. 그런데 요즘은 전교 상위권 아이나 학급의 반장이 일진인 경우가 많다고 한다. 학생회장이 일진인 경우도 있다. 그 아이들을 '엄친아 일진' 이라고 부른다. 선생님들 앞에서는 모범생이지만 아이들에게는 누구보다 무서운 존재가 되어 폭력과 일탈을 서슴지 않는다고 한다. 공부 잘하는 아이하고 어울린다고 해서, 혹은 내 아이가 공부를 잘한다고 해서 안심해서는 안 된다는 뜻이다. 그렇기 때문에 부모는 아이에 대한 관찰의 끈을 늦춰서는 안 된다.

많은 부모가 아이의 성적에만 관심을 기울이고 친구 관계에 대해서는 무관심하다. 아이에게 학교는 사회다. 어른도 직장 내에서 따돌림을 당하거나 동료와 문제가 있으면 스트레스를 받듯이 아이도 마찬가지다.

◯ 비교가 아이를 기죽인다

4학년 정도 되면 아이는 급격하게 변한다. 특히 사춘기가 시작되면 감정의 기복이 심해진다. 그런 아이에게 "그렇게 하려면 다 때려치워!" "도대체 뭐가 되려고 그래!"라는 식의 말은 아이의 자존감에 커다란 상처를 준다.

아이의 자존감을 결정짓는 데는 부모의 역할이 크다. 내 아이가 높은 자존감을 갖고 평생을 행복하게 살아가기를 원한다면, 자존감이 처음 뿌리 내리기 시작하는 영유아기 때부터 바람직한 양육 환경에 대해 신경 써야 한다.

교육학자들에 의하면 아이가 처음으로 패배감과 우월감을 느끼는 시기는 초등학교 4학년 무렵이다. 어린 아이들이 무엇을 알까 싶겠지만 성적표를 받으면서 공부를 잘하는 아이는 자신이 똑똑하며 다른 아이들보다 우월하다는 생각을 하게 되고, 공부를 못하는 아이는 위축되고 자신감을 잃어버리면서 패배감을 갖게 된다는 것이다. '엄친아'라는 말이 있는 것처럼, 아이의 패배 의식은 정작 남과 비교하는 부모 때문에 생기는 경우가 많다.

우월감을 느낀 아이는 자신의 위치를 지키기 위해 열심히 공부하고, 패배감을 느낀 아이들은 잘해 보려고 노력하게 된다. 그런데 잘하려고 노력해도 아이 혼자의 힘으로는 부족할 때가 있다. 만약 그 다음 시험에도 패배감을 맛본다면 아이의 심정이 어떠할까. 성큼 컸지만 마음은 아직 어리기에 자존감에 상처를 입기도 쉽다.

그렇게 혼자 해보겠다고 애쓰면서 더 큰 패배감을 느낄 때에야 부모가 알아차린다면, 부모는 부모대로 아이는 아이대로 서로 소통하지 못한 사실에 더 마음 아플 것이다. 비단 공부만의 문제가 아니다. 패배 의식은 자존감은 물론 자신감까지 떨어뜨려 무슨 일을 하든 선뜻 나서기를 주저하게 만든다. 그리고 그러한 현상은 초·중·고등학교 학창 시절은 물론 사회인이 되어서도 영향을 미친다.

초등학교 고학년이 되면 타인이나 또래에 대한 비교 의식이 강해진다. 또래들과 비교하며 자신의 외모나 능력에 대한 만족도, 교우 관계에 따라 자존감에 변화가 생긴다.

대회에 나가 상을 받으려고 과도한 욕심을 부리거나 시시콜콜한 작은 일에서도 지는 것을 인정하지 못한다. '자존심'이라는 말을 많이 쓰고 친구와의 놀이에서 지면 이기기 위해 혼자 연습하는 시간을 갖기도 한다. 게임이나 축구 등 건전하게 서로 겨루어 서열을 매기면 좋겠지만, 종종 싸움을 벌여 정하는 일도 발생한다.

아이가 자신을 남과 비교하는 의식은 성적에서도 두드러진다. 별 생각 없이 친구들과 놀며 학교를 오가던 아이가 공부에 욕심을 내기 시작하기도 한다. 아무래도 공부를 잘하면 아이들에게 인기도 얻고 선생님에게 인정도 받는다. 고학년이 되면서 성적에 따르는 권위를 느낀 아이들은 성적을 올리기 위해 애를 쓴다. 눈에 보이는 게 다인 줄 알았던 단계에서 눈에 보이지 않는 가치를 이해하게 된 것이다. 반면 다른 아이들과 비교해서 성적이 중하위권인 아이는 아예 수업 시간에 집중하지도 않는다. 벌써부터 수학이나 영어를 포기하는 아이가 생긴다.

또한 비판적 사고가 형성될 때도 이 즈음이다. 아직 자기중심적이기는 하지만 다른 사람에 대해서는 제법 정확한 잣대를 들이댄다. 그러다 보니 머릿속에 있는 도덕적 기준과 현실의 차이에 실망하기도 한다. 선생님이나 부모님의 어긋나는 언행, 잔머리를 쓰거나 기회주의적인 친구들의 행동 등을 몹시 거슬려 한다.

좋은 방법은 부모가 본을 보이는 것이다. 그리고 무언가 결정을 내릴 때 아이의 의견을 듣고 납득할 수 있는 방법으로 설득하는 것이다. 그 과정을 거쳐 결정을 하면서 아이의 판단력을 길러 줘야 한다. 그와 함께 자신만의 의견을 말할 수 있는 기회도 마련해 줘야 한다. 아직 논리적이고 매끄럽지는 않더라도 머릿속에 있는 생각을 자기 의도대로 표현하는 연습을 하는 것이 좋다.

○ 사춘기, 빠를 수도 늦을 수도 있다

초등 고학년, 특히 5학년 정도가 되면 보통 반 아이의 절반 이상이 2차 성징을 겪는다. 여자 아이는 가슴이 나오고 월경이 시작되며, 남자 아이들은 변성기 등의 신체 변화를 느끼게 된다. 여자 아이들은 브래지어 때문에 체육 시간에 뛰는 것을 싫어하고, 남자 아이들은 친구의 변성기 목소리를 흉내 내며 장난치다가 싸움을 벌이기도 한다. 그렇다고 부모가 너무 심각하게 생각할 필요는 없다. 자연스러운 과정이며 오히려 그것을 크게 걱정하면 자녀가 불안해할 수 있다.

사춘기 성장 속도는 개인차가 있는데, 조숙한 남자아이는 또래에 비해 크고 강하다. 덩치가 크다 보니 학교에서 선생님도 일을 쉽게 맡기고, 어른들도 아이 취급을 안 한다. 그래서 자신에 대해 긍정적으로 인식할 가능성이 많다. 자신의 성장에 대해 인정받고 책임도 부여받으면 리더십도 생겨 긍정적인 사회관계를 형성하게 된다. 하지만 성장이 늦은 남자아이는 또래가 놀리기도 하고 괴롭힘을 당하기도 하므로 부모가 잘 관찰해야 한다.

남자아이와 달리 여자아이의 경우 빠른 신체 발달은 놀림감이 되기 쉽다. 단순히 키가 크는 것이 아니라 성적으로 여성성이 많이 나타나므로 여자아이는 자신의 신체적 변화를 감추려고 한다. 반대로 성장이 늦은 여자아이도 또래와 비교하며 외모에 불만을 나타낸다. 역시 부모의 관심이 필요하다.

신체 변화가 빠르다고 해서 너무 걱정할 필요는 없다. 간혹 여자아이의 2차 성징 탓에 키가 자라지 않는다고 걱정하는 부모도 있다. 부모가 걱정하면 아이도 따라 걱정하게 되어 결국 성장과 학업에 나쁜 영향을 끼치므로, 몸의 변화에 대해 지나치게 걱정하지 말고 부모부터 자연스럽게 받아들이도록 하자.

3

이제 스스로 하는
아이가 되어야 한다

⭕ 엄마는 계속 지켜볼 수 없다

초등학교 저학년 때 성적은 '엄마 성적'이라고 한다. 엄마가 아이를 관리해 주는 대로 성적이 나오기 때문이다. 엄마가 옆에서 봐주면 성적이 오르고 봐주지 않으면 성적이 떨어진다. 그러다가 다시 엄마가 조금만 신경 쓰면 성적이 오르기 때문에 크게 걱정하지 않을 것이다.

그런데 고학년이 되면 달라진다. 하기 싫으면 아무리 혼내도 공부를 안 한다. 꾀도 생겨 공부한답시고 부모 눈을 피해 딴짓하기 일쑤다. 엄마가 붙들고 가르치려고 해도 교과 수준이 어려워져 학습 지도를 하는 데 한계가 있다.

이제 아이가 홀로서기를 해야 할 때이며, 앞으로 꾸준히 공부할 수 있도록 자기주도학습 능력을 키워 줘야 할 때다. 아이가 스스로 학습 능력을 갖추고 자연스럽게 자기 공부를 하는 것이 이상적이겠지만, 아쉽게도 그런 경우는 드물다.

초등학교 저학년은 생각을 하면서 배우는 때가 아니다. 자기 혼자 공부를 책임지기에는 아직 어리고, 그저 따라 하면서 배우는 것이다. 적어도 초등학교 4학년 정도가 되어야 자기 공부를 돌볼 수 있게 된다. 만약 그때까지 자기주도학습 능력을 갖추지 못한 아이라면 점점 더 심하게 성적이 떨어질 것이다.

자기주도학습은 학습자가 주체가 되어 학습 과정을 스스로 이끌어 나가는 학습 방법이다. 아이 스스로 무엇을 어떻게 공부할지 결정하고 실천하는 것이다.

자기주도학습이라고 해서 어렵게 생각할 것은 없다. 아이들은 학교를 다니고 있으니 각 과목을 얼마나 공부해야 하는지는 학교에서 정한다. 아이는 학교 수업 범위 안에서 각 과목을 어떻게 공부할 것인가만 정하면 된다. 예습하고, 수업 시간에 집중해서 듣고, 복습하고 응용하는 것이다. 이렇게 매일 반복해서 규칙적인 생활을 한다면 아이는 어떻게 공부하는 것이 자신에게 맞고 효과적이며 능률도 오르는지 깨닫게 된다. 자기주도학습은 이렇게 나만의 학습 기술을 쌓아 가는 것이다.

자기주도학습 능력을 키워 주면 아이는 중학교 · 고등학교에 가서도 흔들리지 않고 공부할 수 있다. 물론 몇 번 시행착오는 겪을 수 있지만, 스스로 공부 방법을 터득한 아이들은 금방 자기 나름의 궤도에 오른다. 주입식 교육, 학원 교육에 물든 아이들보다 학습 습관이 꽤 튼튼한 것은 사실이다.

물론 우리나라의 교육 현실 탓에 스스로 계획을 세워서 공부하는 학생보다는 학원이나 과외 같은 타율적인 공부에 길든 학생이 많다. 좋은 학원에 다니는 아이가 좋은 성적을 올릴 수 있을지 모르지만 좋은 학생은 될 수 없다. 대학이나 사회에 나가서도 엄마 치맛자락이나 붙들고 있을 수는 없지 않은가. 자신의 목표를 향해 스스로 계획을 세워 꾸준히 학습해 나가는 자기주도학습이 미래 성취의 중요한 열쇠가 될 것이다.

'내 손이 가야 마음이 놓인다'는 엄마들도 있을 것이다. 하지만 아이를 믿어 보자. 참지 못하고 옆에서 잔소리를 하면, 아이는 책임감을 가지고 자기 공부를 주도할 기회를 잃는다. 자기주도학습은 자신의 학습을 위해 필요한 것이 무엇인지 스스로 진단하고 목표를 설정하는 데서 시작된다. 내가 부족한 것을 옆에서 엄마가 챙겨 준다면 이미 자기주도학습에서 벗어난 것이다.

그렇다고 완전히 방관하라는 말이 아니다. 자기주도학습이 오롯이 아이 혼자서 하는 것이 아니기 때문이다. 학생 스스로 목표를 설정하고, 그것을 달성하기 위해 자기주도적으로 학습 과정과 활동을 이끌어 가도록 도와 주는 것이다. 주도권은 자녀에게 넘겨주지만 문제에 부딪히면 해결할 수 있도록 지원해 주는 것이 부모의 역할이다.

힘들어하더라도 이겨 내도록 기다려야 한다. 그 과정에서 아이는 보람과 기쁨을 얻을 수 있고 그토록 부모들이 바라던, 스스로 공부하는 아이로 성장하게 될 것이다.

○ 시험은 공부의 끝이 아니다

아이들이 공부에 대해 부담감을 갖는 첫 번째 이유는 아마 시험 때문일 것이다. 시험에 대한 불안이나 압박을 느낀다면 공부가 제대로 될 리 없다. 시험 점수에 전전긍긍하고 걱정하며 오직 시험만을 위한 공부를 한다.

부모는 아이에게 시험에 대한 긍정적인 생각을 심어 주어야 한다. 시험은 자기를 테스트하는 것이며 스스로에게 당당해지기 위해 노력하는 과정이라는 것을 충분히 이해시켜야 한다. 나쁜 점수를 받았을 때 부모에게 미안한 것이 아니라 최선을 다하지 않은 스스로에게 부끄러워해야 한다는 것을 알려 주어야 한다.

마음은 그렇게 다잡지만 부모가 과연 아이의 실망스러운 성적표 앞에서 평정심을 유지할 수 있을까. 당장 무언가 대책을 세워서 시작해야 할 것 같은 마음에 섣불리, 계획 없이, 사교육을 시작해서 교육 방법 전체가 흔들리기도 한다. 부모의 그러한 생각과 마음을 아이들은 그대로 받아들인다. 부모가 불안해하고 짜증을 내면 아이는 부모의 눈치를 보게 되며 시험의 당사자인 자신을 위해서가 아니라 부모를 위해 시험 점수에 아등바등한다. 나를 위한 공부가 아니라면 노력의 이유가 흐려지기 쉽고 공부 자체에 흥미를 잃기 마련이다.

만약 자녀의 성적이 떨어지면, 아직은 별일 아닌 듯 넘어가는 것이 좋다. 아이가 긍정적인 태도를 가지고 있다면 공부는 언제라도 할 수 있다. 중학교 혹은 고등학교에 가서 어느 순간 그 진가를 발휘할 수도 있다.

시험 점수와 등수에 아이를 가두지 말자. 부모가 불안하다고 아이를 학원으로 내몰지 말고, 아이가 열등감에 휩싸이지 않도록 보살펴 주자. 시험은 공부의 끝이 아니다. 실수나 부족한 부분을 채워 다시 시작할 수 있는 좋은 출발점이다.

○ 부모의 자존감을 우선 살피자

초등학생 때 공부 습관을 익히고 자기주도학습을 이끌어 가야 하는 것은 틀림없다. 하지만 그 이유가 시험 때문은 아니다.

성적에 얽매이는 아이가 중학교에 가면 '초등학교 때는 잘했는데' 하는 생각으로 자괴감에 빠지거나 초등학생 때의 공부 방법을 반복하게 된다. 마음만 급해져서 새로운 공부 방법이라든지 새로운 정보에는 눈과 귀를 닫는다.

심리학자들은 성공으로 이끄는 중요한 마음의 힘을 자존감이라고 한다. 실수를 하거나 실패를 했을 때 스스로 '나는 형편없는 사람이야'라며 자책하는 대신 '다시 하면 할 수 있어!' 하며 스스로를 믿어야 한다.

시험 결과에 대해서도 자존감이 높은 아이들은 '힘들겠지만 다시 해보자. 못해도 최선을 다했으면 되는 거야'라고 생각한다. 하지만 그렇지 않은 아이들은 '내가 그렇지 뭐' 혹은 '나는 해봤자 소용없어' 하며 좌절하고 포기한다. 결국 자존감이 더욱 낮아진다.

여러 연구 결과에 의하면 유아기에는 자존감이 높다. 그러다가 학교에 들어가면 새로운 친구와 급변한 환경 때문에 조금 떨어진다. 아무래도 단체 생활을 하면서 다른 아이와 비교해 자신이 잘나지 않았다는 것을 깨닫게 되는 것이다. 자존감은 초등학교 고학년 무렵이 되어야 안정적인 경향을 보이다가 중학교나 고등학교를 거치면서 또다시 변화한다.

이렇듯 자존감은 언제든 변할 수 있다. 단, 학년이 높아질수록 아이는 변하기 힘들어진다. 왜냐하면 자존감이 낮은 아이가 부정적 메시지를 받는 시간이 더 길어지기 때문이다. 하지만 언제 부정적인 느낌을 받았는지 알아보고, 그것을 긍정적으로 바꾸는 노력을 한다면 자존감은 어느 연령에서든 바뀔 수 있다.

여기에도 역시 부모의 역할이 필요하다. 아이의 긍정적인 측면을 보려고 노력하고 아이가 잘하는 것을 찾아보고 아이에게 깨우쳐 주어야 한다. 또 아이가 잘할 수 있는 쉬운 일을 찾아 성공의 경험을 늘려준다. 그렇게 하면 아이 자신의 자아상이 조금씩 긍정적으로 바뀔 것이다.

어린 시절의 긍정적인 경험은 자존감을 형성하는 발판이 되지만, 이후 주변 상황에 따라 자존감이 높아지기도 하고 낮아지기도 한다. 따라서 아이에게 긍정적인 반응을 보이고 공감하는 행동은 자존감이 굳건하고 탄탄하게 다져졌다고 보일 때까지 꾸준히 지속해야 한다. 자존감이 높은 아이들은 긍정적인 마음가짐을 갖고 행복을 즐길 줄 안다는 점을 기억하자.

혹 자녀에게 "너는 나같이 살지 마라"라고 말한다든가 스스로를 실패한 삶이라고 생각한다면 부모 자신이 자존감이 낮은 사람이다. 자신이 실패했다고 생각하고, 자녀만은 똑같은 실패를 되풀이하지 않게 하려는 욕심이 혹 내 아이의 미래를 좌우하고 있는 것은 아닌지 되돌아봐야 한다.

자존감이 높은 부모는 역경 속에서 더욱 빛을 발한다. 무너지지 않고 가정을 지키기 위해 더욱 노력한다. 부모의 자존감이 낮을 때 가장 커다란 문제는 아이에게도 부모의 낮은 자존감이 전해진다는 사실이다. 자존감은 경제적인 풍족함만 있으면 생기는 게 아니다. 아이의 자존감을 살피기 전에 부모의 자존감은 어느 정도인지 다음의 표를 보고 살펴보자.

상　　　　　　　　태	체크
나는 스스로를 현재보다 더 나은 상태로 발전시키는 데 어려움을 느낀다	
나는 어떤 행사에 초대받았을 때 내 모습이 마음에 들지 않아 거절한 적이 있다	
나는 나 자신보다 남의 생각에 좌우되는 편이다	
나는 다른 사람에게 관대한 반면 나 자신에게는 엄격하다	
나와 관련된 어떤 일이 잘못되어 가고 있으면 모든 게 내 탓인 것 같다	
나는 어떤 일에 실망했을 때 다른 사람들과 내가 처한 환경을 탓한다	
나는 부정적인 생각으로 하루를 시작하는 편이다	
나 스스로 행복할 자격이 없다고 생각한다	
내 결점이 드러나는 것에 상당한 두려움을 갖고 있다	
내 안에는 나 자신을 못마땅하게 여기는 자아비판자가 있다	
나를 스스로를 엄격하게 대하는 것이 변화를 위한 최고의 자극 혹은 동기부여라고 믿는다	
내가 갖고 있는 훌륭한 재능을 그저 평범한 것이라 여긴다	
나는 스스로에 대해 별로 매력이 없는 사람이라고 생각한다	
나는 나 자신이 별 가치를 인정받지 못하는 사람이라고 생각한다	
나는 외로움을 자주 느낀다	
나는 평소 열등감으로 인해 많이 괴로워하는 편이다	
나는 내 의견보다 다른 사람의 의견에 의존하는 경향이 있다	
나는 어떤 일을 할 때 '다른 사람들이 어떻게 생각할까' 라는 문제로 주저하는 편이다	

※ 해당 항목이 많을수록 자존감이 낮습니다.

출처 : 《우리 아이 자존감의 비밀》(조세핀 킴, BBbooks, 2011)

○ 스스로 공부하는 재미를 알려 주자

초등학생 아이들에게 중요한 것은 당장 성적을 올리는 것이 아니라 자신만의 공부 방법을 터득해 공부에 재미를 붙이게 하는 일이다. 무슨 일이든 재미가 붙으면 시키지 않아도 자발적으로 한다. 하고 싶어서 하는 일이니 성과도 나쁘지 않다.

언뜻 공부와 재미는 영 안 어울리는 듯하지만 공부를 재미있게 할 수 있는 방법은 분명히 있다. 우선 내 아이가 공부를 등한시하는 이유를 찾아보자.

공부에 흥미를 잃은 아이들은 대부분 자신과 맞지 않는 잘못된 학습 습관을 가지고 있다. 앞에서 말했듯이 굳이 전교 1등의 공부법을 따라 할 필요는 없다. 아이의 장단점을 파악해서 아이에게 맞는 학습 방법을 찾는 것이 중요하다.

예를 들면 암기력은 약한데 이해력이 뛰어나다면, 무조건 외우는 것보다는 이해하면서 차근차근 진도를 나가는 것이 좋다. 책상에 앉아 있더라도 산만해서 공부 양이 적은 아이라면 공부 시간을 짧게 갖도록 하자. 학교처럼 40분 공부하고 10분 쉬는 것이 아니라 20분 동안 공부하고 10분 쉬게 하는 것이다. 그러면 아무래도 긴 시간보다는 공부에 집중하는 깊이나 시간이 길어진다.

공부 자체에 별 흥미가 없는 아이는 호기심거리를 만들어 주는 것이 좋다. 만화책이나 영화 또는 매체를 통해 관심을 갖게 하여 자연스럽게 교과서까지 오도록 한다. 시키는 것만 하고, 새로운 것에 대한 호기심이 없는 아이는 교재를 쉽고 재미있는 것으로 바꿔 준다든지 공부 방법을 놀이처럼 하면 학습에 흥미를 느끼게 된다.

아이에게 공부 분위기를 만들어 준다며 TV도 못 보게 하고, 인터넷도 못하게 하고, 친구와의 만남도 간섭하는데, 이런다고 해서 자녀가 공부에 빠지는 것이 아니다. 오히려 아이는 더 답답해한다.

또 다른 방법은 공부에 자신감을 갖게 하는 것이다. 자신감은 학습 동기의 원천이다. 아주 작은 일이라도 자녀가 잘하는 것에 대해 이야기를 나누며, 자신이 꽤 괜찮은 사람이라는 인식을 주도록 하자. 자신감이 없는 아이는 무엇이든 스스로 잘 결정하지 못한다. 처음부터 선택의 폭이 너무 넓으면 아이가 움츠러들 수도 있다. 처음에는 세 가지, 그 다음에는 다섯 가지 등 점점 가짓수를 늘려가며 선택을 하도록 하는 것이 좋다.

때로 자신감은 불가능해 보이는 일을 가능하게 만든다. 성취감은 어렵고 힘든 공부 과정을 극복할 힘을 만든다.

아이가 미덥지 못해 부모가 나서서 챙겨 주면 아이는 참을성이 없어지고 부모에게 계속 의존하게 된다. 잠시 기다려 주자. 참았다가 원하는 것을 얻었을 때의 성취감을 느끼게 해주자. 끝까지 도전해서 성공한다면 아이는 자신의 능력을 믿고 자신감을 키워갈 것이다.

물론 부모가 옆에서 도와주어야 하지만 학생이 주도적으로 학습하는가, 남이 이끄는 대로만 쫓아갈 뿐인가는 본인의 선택에 달려 있다.

주도적인 학생이 되려면 그만한 동기가 있어야 한다.

무슨 일이든 동기가 있으면 추진력이 생기기 마련이다. 동기는 의욕을 불러일으켜 학습 효과를 높이고 지속적인 학습 욕구를 가지게 한다. 또, 동기는 자신에 대한 믿음과 목표를 갖게 하는 데 도움이 된다. 자발적으로 계획을 세우고 지켜 나가다 보면 주위의 방해 요소까지 스스로 통제할 수 있다. 그러므로 학습 동기가 확실하다면 공부 습관을 들이는 데 반은 성공한 것이다.

이왕이면 남에 의해서가 아니라 자신이 스스로 동기를 가질 때 학습 의욕이 가장 강하고 지속력도 생긴다. 예를 들면 장래 나의 모습을 상상해 본다든지, 학습 목표를 세운다든지, 목표를 이루고 성취감을 맛본다든지 하는 것이 학습 동기를 유발하는 방법이다.

> 장래 나의 모습을 상상해 본다든지, 학습 목표를 세운다든지, 목표를 이루고 성취감을 맛본다든지 하는 것이 학습 동기를 유발하는 방법이다.

자녀가 스스로 알아서 잘하기를 바란다면 부모는 칭찬과 격려를 통해 자녀가 자신감을 갖도록 도와주어야 한다. 그리고 학습 준비는 잘하고 있는지, 공부 방법이 효과적이었는지, 공부한 내용을 정확하게 이해하고 있는지 등을 관심 있게 지켜보면서 자신만의 효율적인 공부 방법을 찾도록 하자.

공부에 재미를 들이게 만드는 과정에서 부모들이 절대로 해서는 안 되는 것이 있다. 바로 비교와 강요다.

비교할 때는 보통 자녀의 장점보다는 단점을 들먹이는 수가 많다. 다른 아이와 비교하면 경쟁심을 불러일으킬 듯하지만, 자칫 아이에게 열등감과 반항심만 불러일으킬 수 있다. 이러면 당연히 학습 의욕이 떨어진다.

잔소리도 격려와 응원이 기본이 되어야 아이의 자기주도적 행동과 자기주도학습 습관에 도움이 된다. "숙제는 다 했어? 진짜로?" 하며 아이를 몰아세우거나, "그렇게 해서 성적이 퍽도 오르겠다" 식의 부정적인 말을 하면 자신감과 자존감을 잃게 하며 부모에 대한 반감까지 일으킨다. 오히려 짜증을 내면서 귀를 막아 버리고 말 것이다.

특히 빈정거리거나 무시하는 말투는 아이들의 마음에 그대로 상처로 남아 열등감이 되어 쌓이고, 바르지 못한 판단력과 가치관을 가지게 하므로 어른이나 가정에 대한 불안감과 불신의 원인이 된다.

아이가 잘못된 행동을 했을 때는 아이가 이해할 수 있는 범위에서 그런 행동을 해서는 안 되는 이유를 설명하고 잘못을 지적해 아이 스스로 고쳐 나가도록 지도해야 한다.

잔소리 대신 부모 스스로 바람직한 모범이 되자. 아이와 함께 고쳐야 할 점에 대해 이야기하고, 아이에게 신뢰를 가지고 표현하면 아이도 자연스럽게 스스로 행동을 고치려고 애쓰게 될 것이다.

PART 2

실전,
자기주도
학습

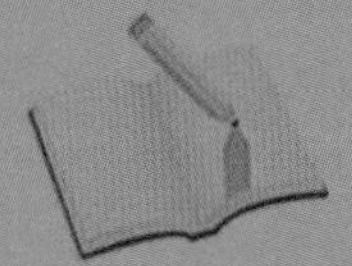

학습 동기가 있는 학생들은 스스로 재미있어서 만족을 느끼며 공부하고, 그것이 학습행동을 유발하기 때문에 지속적으로 학습 효과를 얻을 수 있다. 그러한 아이들은 학습을 방해하는 상황들이 발생해도 이를 극복하고 학습 태도를 유지한다. 그렇기 때문에 공부를 잘하기 위해서는 공부하는 목적을 구체적으로 바로 세워야 한다.

1

목표 세우기

○ 아이는 자신이 왜 공부를 해야 하는지 알아야 한다

아이들의 학년이 올라가면 단순한 호기심과 탐구심만으로는 좋은 성적을 낼 수 없게 된다. 저학년 때야 수업 시간에만 잘 들어도 웬만큼 성적이 나왔지만 고학년은 다르다. 벼락치기는 통하지 않을뿐더러, 공부한 만큼 성적이 나오지 않기도 한다. 일단 성적이 떨어지면 아이들은 동요한다. 하지만 공부를 하는 목표와 목적을 분명히 가지고 있다면 성적이 떨어지는 것쯤에 흔들리지 않고 학습에 임할 수 있다.

아이에게 왜 공부를 하느냐고 물어보자. 어떤 대답을 할까? 시험을 잘 보기 위해서라고 할 수도 있고, 좋은 대학에 가기 위해서라고 할 수도 있다. 그런데 공부하는 이유가 단지 높은 성적을 받기 위한 것이라면 좋은 성적을 받지 못했을 때 학습 동기를 잃어버리는 문제가 발생한다. '남들이 하니까' '엄마가 하라고 하니까' 등 외부의 동기 역시 자기 의지가 담겨 있지 않기 때문에 올바른 학습 동기가 되지 못한다.

학습 동기가 있는 학생들은 스스로 재미있어서 만족을 느끼며 공부하고, 그것이 학습 행동을 유발하기 때문에 지속적으로 학습 효과를 얻을 수 있다. 그러한 아이들은 학습을 방해하는 상황이 발생해도 이를 극복하고 학습 태도를 유지한다. 그렇기 때문에 공부를 잘하기 위해서는 공부하는 목적을 구체적으로, 바로 세워야 한다.

목적의식이 뚜렷한 아이들은 대부분 자존감이 높다. 자신의 미래에 대해 분명한 그림을 가지고 있기 때문에 공부하는 것이 어렵고 힘들더라도 이겨 내려고 노력한다. 모든 일에 적극적이며 현재 하고 있는 공부가 나의 미래와 어떤 관련이 있는지를 안다. 또, 공부에 대해 흥미를 가지기 때문에 자기주도적 학습을 한다. 과제 자체에 즐거움을 느끼며 배움에 목표를 두고 공부하므로 학습 결과보다는 과정을 중시한다. 따라서 성적이 떨어지더라도 다시 도전해 새로운 것을 배워나가며, 다른 사람의 인정과 기대가 아닌 스스로의 만족감을 충족시키기 위해 노력하고 발전해서 목표를 달성하는 것이다.

반면에 공부에 이렇다 할 목적의식이 없는 아이들은 자기 앞에 어려움이 닥치면 굴복하거나 회피하려 한다. 매사가 불만이고 짜증이다. 공부를 하더라도 좋은 성적, 좋은 대학, 좋은 직업, 부모나 교사 등 타인의 인정이나 긍정적 평가라는 외적인 것에 목표를 둔다. 다른 사람에게 잘 보이기 위해 자신 있는 부분만 공부하고, 새로운 것을 학습할 기회를 포기한다. 실패를 배움의 기회로 생각하지 못하고 자신의 무능함이 드러날까 두려워 도전하지 못한다. 이러면 자신감을 상실하게 되어 결국, 자신의 목표를 달성하지 못한다.

부모가 목적을 정해 줘도 그때뿐이다. 아이 스스로 공부하는 이유가 있어야 한다. 자신이 왜 공부해야 하는지 목표가 있다면, 부모의 간섭이 없더라도 아이는 효율적으로 학습 활동을 하고 학습 목표를 달성한다.

그렇다고 부모가 옆에서 공부의 동기나 목표의식까지 짚어줄 필요는 없다. 부모는 자녀가 그러한 의식을 가질 수 있도록 길을 안내해 주는 역할을 해야 한다. 부모의 학습 동기와 자녀의 학습 동기가 반드시 같을 필요도 없다. 자녀 스스로 자신을 귀하게 여기며 자신의 길을 찾는다면, 부모도 자녀를 신뢰하게 된다.

부모가 옆에서 하나부터 열까지 챙겨 준다면 당장은 자녀의 성적이 오를 수 있다. 그렇게 고등학교까지 하나하나 신경 써주면 좋은 대학에 갈 수도 있다. 그런데 그런 학생들이 대학에 가면 학부모가 대학교 지도교수에게까지 전화한다고 한다. 스무 살이 되어도 부모는 자녀가 못 미더워 학점 관리를 대신해 준다는데, 그것이 과연 아이에게 득이 될까? 좋은 성적을 받아오는 학생을 바라는 것인지, 사회에 나가 온전한 한 사람으로서 능력을 발휘할 수 있는 자녀를 바라는 것인지 다시 생각해 보기를 바란다.

⭕ 꿈을 탐색하는 것이 시작이다

혹시 자녀의 꿈이 무엇인지 알고 있는가? 앞에서 학습 동기에 대해서 이야기했듯이 목표와 목적이 무엇이냐에 따라 학습에 참여하는 태도가 다르다.

자기주도학습자는 미래에 대한 꿈과 목표가 명확하다. 공부가 단지 좋은 성적을 얻기 위한 도구가 아니라 자신의 장래 꿈을 실현하기 위한 과정이라는 것을 알고 있다.

꿈에 대해 이야기하려면 그만큼 정보가 있어야 한다. 부모나 친척의 직업 그리고 주위에서 보는 어른들의 직업이 전부가 아니라, 그 외에도 많은 직업군이 있다는 것을 경험하는 게 좋다. 직업 선택의 폭이 좁다면 그만큼 아이의 꿈에 대한 선택도 좁아지기 때문이다.

요즘은 지방 자체 단체나 각종 매체에서 진로에 대한 행사를 많이 진행한다. 아예 직업을 체험할 수 있는 테마파크도 속속 생기고 있다. 시간을 내어 아이와 함께 참여해 보는 것도 좋은 경험이 되고 몰랐던 아이의 적성도 찾을 수 있을 것이다.

그 외에 책과 인터넷 등을 통해서도 다양한 직업을 알 수 있다. 도서관, 박물관, 미술관, 체험 활동, 봉사 활동 등 다양한 활동의 기회를 줌으로써 세상에는 수많은 일들과 사람들이 존재함을 알고 이해하도록 도와주자. 단순히 의사·변호사·기자·미술가가 되겠다는 것이 아니라, 어떤 분야를 전문으로 맡는 의사·변호사·기자·미술가가 될 것인지 자녀와 구체적으로 이야기해 보자.

전문가들은 제대로 된 진로 교육을 초등학교 때 시작하는 것이 좋다고 한다. 준비된 진로 교육은 아이의 미래를 결정하는 데 큰 역할을 하기 때문이다. 이 시기에 다양한 활동을 통해 아이의 적성을 알아내고, 중학교부터는 인문계·자연계·예체능계 중 자신의 계열을 미리 선택하고, 고등학교 때 학과를 선택하는 단계별 발전 방향을 알아야 제대로 된 진로 설계가 가능하다.

그런데 학년이 올라갈수록 아이들은 꿈에 대해 꽤 현실적이거나 부정적이게 된다. 바이올린을 연주하는 의사가 되겠다던 아이, 유럽 특파원이 되어 유럽 축구 경기를 직접 보겠다는 아이, 디자이너가 되어 제3세계 아이들에게 옷을 선물하겠다던 아이들이 치열한 입시 환경 때문에 꿈을 잃어가고 있다. 꿈이 없다는 중학생이 수두룩하고, 초등학생 장래희망 1위가 공무원이라니 기가 막힐 노릇이다.

부모 입장에서는 자녀가 다른 사람에게 존경받고 경제적으로도 풍족한 직업을 갖기 원할 것이다. 하지만 꿈을 탐색하고 진로를 결정하는 것은 자녀의 몫이다. 부모의 만족이나 욕심을 위해서가 아니라, 내 아이들의 행복한 삶을 위해 필요한 것임을 잊지 말자.

○ 꿈에 맞는 목표 세우기

꿈과 욕심은 다르다. 무엇을 하면 좋겠다는 생각이 꿈을 향해 점점 나아가지 못하고 계속 그 상태로 머물러 있기만 하다면 단지 욕심에 지나지 않는다.

꿈이 있는 아이들은 공부에 대한 욕심이 많다. 그 꿈을 달성하기 위해 애쓰고 노력한다. 그러한 과정에서 관심이 많이 가는 분야가 생길 것이고 몰랐던 자신의 재능을 발견할 수도 있을 것이다.

꿈을 이루기 위해서는 계획이 구체적이고 현실적이어야 한다. 어떠한 사람이 되고 싶다는 것이 최종 목표라면 거기 도달하기 전까지 중간 목표들이 있어야 한다.

> 꿈을 이루기 위해서는 계획이 구체적이고 현실적이어야 한다.

예를 들어 의사가 꿈이라고 하자. 공부를 잘해야 하는 것은 말할 것도 없다. 그렇다고 '꿈을 이루기 위해 무조건 공부만 잘하면 된다'고 말하는 것은 아니다. 의대에 가겠다는 정도의 목표로는 학습 동기가 높아지지 않는다는 말이다. 특히 자신의 의지와는 상관없이 다른 사람의 뜻을 좇아 '그냥 의사면 된다'는 식의 꿈은 학습 의지를 굳세게 지켜주지 못한다.

의사도 안으로 들어가 보면 전공에 따라 많이 나뉜다. 환자를 진료하는 의사가 될 것인지 아니면 연구실에 있는 의학 연구원이 될 것인지 또는 한의사가 될 것인지 양의사가 될 것인지, 양의사가 될 것이라면 어떤 분야를 전공할 것인지도 구체적으로 정하자. 만약 의학 연구소에 가기를 바란다면 꼭 의학이 아니라 생물학 분야를 전공해도 된다. 한의사가 될 것이라면 한자 공부를 염두에 두어야 한다. 환자를 대할 때의 태도를 다지기 위해서 평소에 바르게 행동해야 하고 좋은 의사에게 필요한 심성을 키우려면 좋은 글도 많이 읽어야 할 것이다.

단순히 꿈에서 그치는 것이 아니라 어느 대학의 어느 학과에 가고 싶다는 정도로 구체적인 목표를 세우는 것이 좋다. 그리고 부모가 자녀를 데리고 그 학교에 탐방을 가보는 것도 아이를 자극하는 좋은 기회가 될 것이다.

2
학습 효율 높이는
계획표 만들기

○ 엄마는 계획 조절자

자기주도학습에 계획표가 빠질 수 없다. 계획표를 세우면 시간을 체계적으로 관리할 수 있고 스스로 공부한 양을 확인할 수 있다. 계획표는 의욕과 성취감을 한꺼번에 얻을 수 있는 좋은 도구다.

계획표를 세울 때 무리한 목표는 세우지 않도록 한다. 의욕이 넘쳐 능력에 벗어나는 목표를 세우면 며칠 못 가 흐지부지되기 쉽다. 따라서 계획표를 세우기 전에 자녀의 학습 수준을 파악하자.

> 계획표는 의욕과 성취감을 한꺼번에 얻을 수 있는 좋은 도구다.

아이는 아직 경험이 부족해서 자신이 할 수 있는 정확한 양을 알지 못한다. 이럴 때 부모가 자녀의 수준을 확인하고 적정 수준의 목표를 세울 수 있도록 옆에서 도와주자. 이때 강압적으로 공부를 시키기보다

조언자의 역할을 해주는 것이 바람직하다. 그리고 난 뒤에 아이가 과제를 바르게 했는지 점검해 주는 역할을 해야 한다. 계획했던 목표를 완수하면 아낌없이 칭찬해 아이의 의욕을 북돋아 준다.

사실 계획대로 실천하는 것은 어른도 힘들다. 하물며 초등학생 아이가 계획표를 완벽하게 실천하기는 어렵다. 처음에 잘하다가도 흐지부지되기 일쑤다. 그러면 자녀를 혼내고 비난하기보다 다시 시작할 수 있도록 격려해야 한다. 공부는 하루이틀 하고 말 일이 아니다. 계획표대로 하지 못한 것보다는 앞으로 계획을 세우지 못하는 것이 더 큰일이다. 계획표를 통해 학업 성적이 올라가기를 기대하기보다는, 실패하더라도 꾸준히 실천하려는 의지를 북돋아 주는 세심한 배려와 응원의 도구로 사용하는 지혜가 필요하다. 충분히 잘했으면 계획표를 조금만 수정하면 더 좋아질 것이라고 긍정적으로 말해 주자.

사춘기에 접어든 자녀들은 말끝마다 반항심을 드러낸다. 부모의 간섭을 싫어하고 혼자만의 시간을 갖고 싶어 할 때가 많아질 것이다. 부모는 곁에서 혹시라도 엇나갈까 혹은 성적이 떨어지지는 않을까 노심초사하겠지만, 어차피 누구나 한 번은 겪어야 하는 일이다. 무리하게 시키는 것보다는 조금 여유를 갖는 것이 좋다.

그렇다고 공부에 대해서도 여유를 갖자는 것은 아니다. 자기주도 공부 습관을 익히도록 도와주어야 한다. 자기주도 공부 습관을 익히면 사춘기를 겪으면서도 그나마 학생의 자세를 잃지 않을 것이다.

자기주도학습은 학생이 혼자서 공부하는 것이지만, 자기주도학습 익히기는 혼자 할 수 있는 일이 아니다. 부모가 곁에서 관심을 가지고 지켜보며 지도해 주어야 한다. 아이의 표현이 겉으로는 퉁명스럽더라도 부모가 곁에서 응원하고 도와주고 있다는 것을 느낀다면 심리적으로 안정되고 스스로를 더 존중할 것이다.

⬤ 계획표는 실현 가능해야 한다

학습 계획은 학기별, 월간, 주간, 일일 계획으로 나누어 작성하는 것이 좋다. 기간에 따라 학습 계획을 따로 작성하지만 결국 모든 학습 계획은 기간이 긴 학습 계획부터 짧은 기간으로 세분화해야 하며, 추상적인 학습 계획보다는 구체적인 학습 계획을 세워야 한다. 학습 계획이 구체적일수록 목표 달성에 도움이 되므로, 최대한 자세히 학습 계획을 세우도록 한다.

자녀가 학습 계획을 처음 세운다면 하루를 완전히 계획하는 것이 부담스러울 수 있다. 우선 오늘 해야 할 일을 메모해 붙여 놓자. 그리고 과제를 해결할 때마다 줄을 그어 표시하도록 한다. 그러면 자녀는 하루를 알차게 보냈다는 뿌듯함과 성취감을 느낄 수 있을 것이다. 그런 후에 범위를 점점 넓혀 나가도록 하자.

계획표를 작성할 때 우선 자녀가 지난 일주일 동안 어떻게 지냈는지 시간대별로 표를 만들어보면 큰 도움이 된다. 자녀의 일주일을 살펴보면 자녀가 시간을 활용하는 데 어떤 문제점을 가지고 있는지, 자녀가 활용할 수 있는 시간이 어느 정도나 되는지 파악할 수 있다. 자녀의 개인 시간을 측정한 후, 학습량을 설정하고, 할당량을 마치면 나머지 시간을 어떻게 보낼지 쓰도록 한다. 그래야 스스로 실천할 수 있는 현실적인 계획표가 완성될 것이다.

계획은 하루, 일주일, 한 달 이렇게 기간을 나누어 세우는 것이 좋다. 우선 주간 계획을 세우고 그에 따라 일일 계획을 세우는 방법으로 시작한다. 학습 계획 짜기에 익숙해지고 나면 점차 월간 계획, 학기별 계획으로 확장시킨다.

주간 계획은 공부해야 할 각 교과목을 나누고 그 과목의 공부할 부분을 크게 나누어 쓰도록 한다. 이때 대단원과 소단원은 꼭 쓴다. 그래야 자신이 공부하고 있는 부분이 교과목의 흐름상 어디인지 기억할 수 있다. 일주일을 보내고 난 후에는 일주일 동안 목표한 주간 계획대로 잘 실행했는지 점검한다. 완료하지 못한 목표가 있다면 마무리하고, 한 주의 계획을 모두 이뤘다면 하루쯤 편안한 자유 시간을 갖고 다음 일주일의 계획을 세우도록 한다. 새로운 계획을 세우는 날은 일요일이 좋다. 일요일은 상대적으로 부담감이 적고, 계획을 지키지 못했더라도 새로운 한 주를 새로운 마음가짐으로 다시 도전할 수 있다.

주말에 공부할 양은 적게 주고, 자유 시간을 정해 주중에 밀렸던 공부를 마치도록 도와주어야 한다. 만약 주중에 공부가 밀리지 않았다면 온전한 자유 시간을 주어 자녀에게 하고 싶은 것을 하도록 한다. 그러면 자유 시간을 얻기 위해 일주일 동안 착실히 계획을 이행할 것이다.

월간 계획은 새로운 달이 시작되기 며칠 전에 만들도록 한다. 그 달의 상황에 맞게 구체적인 일정을 기록한다. 주간 계획과 일일 계획을 세우기 전에는 제일 먼저 지금까지 자녀가 하루 또는 일주일의 시간을 어떻게 활용하고 있는지를 스스로 점검해 보도록 해야 한다.

학기별 계획은 계획이라기보다는 목표 설정에 가깝다. 단순하게 '성적 올리기'로 목표를 세우지 말고, 그 학기에 본인이 원하는 성적과 잘하고 싶은 과목을 정해 구체적으로 명시하도록 한다.

○ 시간, 문제 개수 등을 확실히 정한다

보통 계획표라고 하면 방학 때 그리는 생활계획표만 떠올릴 것이다. 동그란 원에 선을 그어 시간을 나누어 기계적으로 공부 시간을 정한 계획표인데, 과연 효과가 있을까? 대개는 있으나 마나 하다.

이제는 공부한 양을 가늠할 수 있고 올바른 공부 습관을 들이기 위해 기간별 계획표를 만들도록 하자. 이때 시간만 정하기보다는 그 시간에 무엇을 해야 할 것인지도 함께 정하는 것이 중요하다. 시간 단위로 계획하면 집중력을 발휘하기 힘들고 시간 때우기 공부가 될 확률이 높다. 예를 들어 막연하게 수학 공부라고 써놓으면 이리저리 수학 책만 뒤적이다 끝낼 수도 있다. 1시간 동안 수학 책을 보기는 했는데 무엇을 공부했는지 알 수 없게 되는 것이다. 계획표에 과목만 적어두지 말고 시간 내에 무엇을 공부할 것인지 구체적으로 정하도록 한다.

과목만 정해 놓은 계획표는 실천이 더디다. 실천하더라도 머리에 남는 게 별로 없다. '3시부터 4시까지 수학 공부'가 아니라, '3시부터 4시까지 수학 문제집 2장 풀기' 식이 실천하기 쉽고 학습 효과도 뛰어나다. 한 달 계획을 세울 때도 단순히 '영어 점수 올리기'보다는 '다음 영어 시험에서 85점 이상 받기'가 더 낫다. '반에서 1등하기'보다는 '평균 10점 올리기'가 더 구체적이라는 말이다. 이렇듯 시간이 아니라 학습량을 목표로 두면 무엇을 어떻게 시작할지 주저하며 시간 낭비 하는 일이 없다.

물론 정해진 시간 안에 자녀가 어느 정도의 성취도를 올릴 수 있을지 측정하려면 몇 번의 시행착오가 있어야 한다. 실패하더라도 끊임없이 스스로 목표를 세워 성취하는 경험을 통해 성공 가능성을 높일 수 있다. 한 번에 완성되는 계획표는 없다.

그리고 매일 자신이 얼마나 계획을 잘 이행했는지 체크하게 한다. 이를 통해 자신에게 맞는 공부 양을 확인할 수 있고 성취감도 느낄 수 있다. 또 자신이 제대로 지키지 못했을 때 반성하는 시간도 가질 수 있다.

⦿ 계획표를 만들어 보자

시작하는 시점과 끝내는 시점을 계획표에 정해 놓으면 꾸물대지 않고 곧바로 공부를 시작할 수 있다. 정해진 시간 동안 공부를 하거나 혹은 정해진 과제를 완성해야 하므로 집중력을 기르는 데도 좋다.

또한 정해진 휴식 시간에 마음 편하게 쉴 수 있고, 부모나 자녀 모두 잔소리를 하거나 듣지 않으므로 스트레스를 덜 받게 된다. 결국 계획을 세우는 것은 공부를 많이 하기 위해서라기보다 제대로 된 자유 시간을 더 많이 확보하기 위함임을 알게 하자.

1. 하루계획

오전 7:00~8:00	기상, 아침식사
8:00~9:00	영어 단어 5개 외우기, 등교
9:00~오후 3:00	학교 수업
3:00~4:00	간식 먹고 휴식
4:00~5:00	숙제
5:00~6:00	피아노 연습
6:00~7:00	영어 인터넷 강의
7:00~8:00	저녁식사
8:00~9:00	수학과 영어 문제집 풀기
9:00~10:00	책 읽기
오늘 해야 할 일	영어 인터넷 강의 들을 것!
내일 해야 할 일	모레 체험 학습에 대한 준비
평 가	숙제가 적어서 시간이 남았다. 하지만 수학 학원 문제가 어려워 남는 시간에 수학 보충! 시간을 잘 활용해 혼자 보충까지 하고, 기특하다!

날짜	할 일	평가
9월 10일 월요일	수학 학원	방정식 부분 보충할 것
9월 11일 화요일	학원 영어시험 준비	단어 다시 외울 것
9월 12일 수요일		학교 수업만 있는 날 숙제가 별로 없어서 방정식과 영어 단어 반복 학습함
9월 13일 목요일	과학실험교실	실습보고서 작성을 잘했다고 칭찬받음 다음 주에도 오늘처럼만 하자!
9월 14일 금요일	축구교실 / 생일파티	축구 교실 후 생일파티 참석 몸은 피곤하지만 정말 신났던 하루
9월 15일 토요일	친척 결혼식	친척집에서 늦게 돌아왔다
9월 16일 일요일	부족한 과목 보충하기	금요일, 토요일 공부를 제대로 못했다. 보충 시간에 숙제와 복습. 보충 시간을 만들어 놓은 것이 다행이다. 그래도 복습은 매일 간단하게라도 할 것!

시간	일	월	화	수	목	금	토
3:00~4:00	자유시간	하교 후 간식, 휴식					밀린 공부 보충
4:00~5:00		숙제와 복습					
5:00~6:00							
6:00~7:00		인터넷 강의					TV 시청과 저녁
7:00~8:00		저녁식사 및 휴식					
8:00~9:00		수학공부	영어공부	수학공부	영어공부	수학공부	
9:00~10:00		독서					
10:00~11:00		취침					
평 가		○	○	△	×	○	영어공부 보충함

※ 평가부분은 실행 정도에 따라 ○, × , △로 표시하거나 서술하여 반성하고, 다음 계획표 수정에 반영하도록 한다.

과목	교재	분량 (쪽)	8월		9월			
			4주	5주	1주	2주	3주	4주
국 어	교과서	100~ 200	100~ 125	125~ 142				
	참고서	90~ 180	90~ 96	97~ 103				
	문제집	50~ 120	50~ 60	60~ 68				

※ 과목별로 이와 동일하게 만든다.

3

집중력 최대한 높이는 방법

⬤ 지나친 선행학습은 학교 수업을 방해한다

요즘은 초등학교 아이들이 학원에서 중학교 과정을 공부한다고 한다. 선행학습을 안 하는 아이들이 더 이상해 보일 정도다. '선행학습을 안 하면 중학교에 가서 어떻게 하려고 그러지?' 하며 다른 학부모가 대신 걱정을 해주기도 한다.

학부모들이 자녀에게 선행학습을 시키는 이유는 성적 때문일 것이다. 미리 공부해 두면 성적이 오를 거라는 생각일 텐데, 사실 효과는 그리 좋지 않다. 2002년 한국교육개발원의 '선행학습 효과에 관한 연구'에 의하면 학년이 올라갈수록 선행학습을 한 학생들이 그렇지 않은 학생들에 비해 성적이 떨

> 학년이 올라갈수록 선행학습을 한 학생들이 그렇지 않은 학생들에 비해 성적이 떨어지는 것으로 나타났다.

어지는 것으로 나타났다. 선행학습이 성적 향상에 오히려 해가 될 수도 있다는 말이다. 선행학습보다는 올바른 공부 방법이나 바람직한 학습 태도가 더 좋은 성적을 받게 한다.

결국 선행학습은 사교육 시장만 키우고 말았다. 아이들은 밤늦게까지 학원에 남아 공부를 하고, 부모들은 사교육비를 감당하느라 허리가 휘는 지경에 이르렀다. 그 심각성이 도를 넘어 이제는 선행학습이 아동 인권 침해 수준이라며 '선행학습 금지법'을 만들자는 움직임이 있을 정도다.

선행학습이 왜 문제가 되는 것일까? 선행학습은 말 그대로 앞으로 배울 부분을 미리 공부하는 것이다. 그런데 일선의 몇몇 학원에서는 선행학습을 한다며 자주 출제되는 문제 유형과 요점만을 정리하고 암기시키는 데 그치고 있다. 이런 방법으로는 개념 이해와 사고력 그리고 문제 해결력을 길러주지 못한다. 현재 교육 과정은 단순한 암기 위주의 학습보다는 집중력을 요하는 사고력 신장에 중점을 두고 있다. 단순히 문제만 잘 푸는 기계를 만들고 있는 학원에서 이를 만족시킬 리가 없다.

공부는 차분하게 한 계단 한 계단씩 오르는 것이다. 기초도 제대로 갖추지 못한 아이들에게 무조건 중학교 혹은 고등학교 과정을 주입하는 것이 얼마나 도움이 될까. 아이들도 학원에서는 이해한 듯해도 집에 돌아와서 혼자 문제를 풀기가 어려울 것이다. 개념을 확실하게 세우지 않으면 외우기만 할 뿐 내 것이 될 수 없다.

선행학습은 미리 배워서 새로운 지식에 대한 흡수력을 높이는 것이다. 한 번 공부한 내용을 들으니 부담감 없이 수업에 응할 수 있다. 하지만 부담감이 없기 때문에 긴장감도 없고 집중도 하지 못한다. 이미 아는 내용이라고 생각하기 때문이다. 당연히 수업이 지루해지고 딴생각에 빠지기 쉽다. 이것이 계속 반복되면 학원 공부만 하면 된다고 생각하는 학원의존형 아이가 된다. 자기주도학습 능력 또한 상실되고 만다.

교육 전문가뿐만 아니라 우등생들이 주장하는 공부의 가장 중요한 원리는 자기주도학습이다. 자립적 능력을 갖추었는지 여부에 따라 성적이 좌우된다. 무엇보다 초등학교 때 자기주도학습 능력을 키우지 않으면 중·고등학교 공부 자체가 힘들어질 수 있다.

집중하기 편한 환경을 만들자

아이의 집중력 향상에는 부모의 관심이 절대적인 부분을 차지한다.

우선 내 아이의 정서 상태부터 알아보자. 만약 불안이나 우울 등 정서적으로 불안정하다면 집중력이 생길 수 없다. 학교 생활은 어떤지, 친구 관계는 어떤지, 가치관이 흔들릴 사건이 생기거나 관련한 문제가 있는 것은 아닌지 살펴봐야 한다. 아이의 기분도 알지 못한 상태에서 무조건 책상에 앉으라고 하면 서로 갈등만 생길 뿐이다. 아이는 자신에게 생긴 문제를 부모가 함께 걱정하고 이야기하면서 해결해 나갈 때 안정을 찾는다. 그리고 부모가 자신을 이해해 준다고 생각할 때 자신감이 생기고 무슨 일이든 열심히 하려는 의욕도 생기기 마련이다.

자녀의 내적인 문제를 해결했다면 이제 외적인 문제를 해결해 보자. 공부하는 장소에 대한 점검이다. 아무리 집중력이 뛰어난 아이라고 해도 산만한 분위기나 유혹하는 물건이 많은 곳에서는 집중력을 발휘하기 어렵다.

아이의 공부방 온도는 20도를 유지하고, 벽지는 파란색 계열, 바닥은 베이지색으로 하는 것이 마음을 안정시키는 데 도움을 준다. 공부와 관련되지 않은 것들은 책상에서 치워두는 것이 좋다. 장난감이나 장식품, 연예인 사진 등은 치우도록 한다. 되도록 그림이나 사진은 책상과 등진 반대편 벽에 두고, 책상 위에는 간단한 필기구와 시계 정도만 있으면 된다. 필기구는 자녀가 공부를 하면서 나만의 노트 정리 방법으로 체크할 수 있도록 색깔 펜을 준비해 준다. 눈이 피로하지 않도록 조명을 살피는 것도 잊지 말자.

아이가 자라는 만큼 책상과 의자의 높낮이도 살펴봐야 한다. 아이에게 책상과 의자는 중요하다. 바른 자세로 앉아 공부해야 체형이 어긋나지 않으며 집중하는 데 방해되지 않는다. 공부할 수 있는 책상만 있으면 된다고 생각하지 말고, 반드시 아이에게 맞게 책상과 의자를 조절해 주어야 한다.

중·고등학생들이 많이 사는 아파트에서는 시험 기간이면 이웃끼리 못 하나도 박지 말자고 서로 양해를 구한다고 한다. 조금 과하다고 할 수도 있겠지만, 초등학생 자녀들의 경우 아직은 집중력을 키워 가는 중이므로 가족끼리 조심하는 것이 좋다.

같은 맥락으로 TV 시청에도 규칙이 필요하다. 가족 모두 TV 시청에 관한 규칙을 만들고, 가족과 함께 TV를 시청한 후에는 집중력이 덜 필요한 숙제나 자신이 좋아하는 과목을 공부하도록 하자. 그리고 자녀가 공부할 때는 TV를 *끄*자. 컴퓨터는 모든 가족이 함께 사용하는 거실에 두고, 공부하는 동안은 휴대전화도 잠시 멀리해 자녀가 집중해서 공부할 수 있도록 분위기를 만들어 주자.

○ 도움이 되는 집중력을 키우는 놀이

자녀가 집중하는 시간을 알려면 문제 풀이를 할 때 몇 분 동안 움직이지 않고 앉아 있는지 서너 번만 관찰하면 알 수 있다.

만약 집중력이 낮다면 '주의 집중 체크표'를 만들게 하자. 딴생각이 날 때마다 종이에 표시하는 것이다. 집중이 중간에 깨지는 것을 기록하다 보면, 언제 주의가 산만해지고 얼마나 자주 그런 행동이 나타나는지, 또 무엇 때문에 그렇게 되는지 관찰할 수 있다. 문제가 되는 상황이나 환경을 없애준다면 자녀가 집중하는 시간이 늘어날 것이다. 당연히 '주의 집중 체크표'의 표시도 차츰 줄어들 것이다.

그래도 집중 시간이 늘어나지 않는다면 어떻게든 시간을 늘려야 한다. 당장이야 괜찮을지 몰라도 중학교, 고등학교에 가면 공부해야 할 양이 많아진다. 집중 시간도 그만큼 길어져야 할 것이다.

집중 시간은 일주일에 1~2분씩 늘리는 것이 좋다. 1~2분은 늘었다는 의식을 못하는 정도의 시간이다. 차이를 느끼지 못하기 때문에 자연스럽게 부담 없이 집중 시간을 늘려갈 수 있다. 욕심을 부려 한꺼번에 집중 시간을 늘리면 절대로 성공할 수 없다.

자녀의 집중력을 위해 식단에도 신경 쓴다면 도움이 될 것이다. 보통 집중력에 좋은 음식으로는 기억력을 높이는 연근, 옥수수, 새우를 들 수 있다. 쇠고기, 돼지고기, 콩, 잡곡, 현미는 비타민B가 풍부해 집중력 향상에 도움을 준다. 파, 시금치, 된장은 뇌의 활동을 도와 집중력을 향상시킨다.

재미있는 게임으로도 집중력을 높일 수 있다. 대표적인 것이 바둑이다. 집을 만들기 위해 한 수 한 수 두다 보면 공간 지각력이 생기고, 창의력과 응용력이 길러진다. 상대의 집과 내 집의 수를 계산해야 하기 때문에 계산 능력도 향상된다.

또는 신문이나 잡지에 자주 나오는 숨은 그림 찾기, 틀린 곳 찾기도 좋다. 짧은 시간 동안 한곳에 집중하는 습관을 익히는 데 적당하다. 끝말잇기, 단어나 숫자의 순서 암기 게임, 여러 카드를 뒤집어 똑같은 카드를 찾는 메모리 게임 등도 집중력을 높이는 데 도움이 된다.

음악도 집중력을 높이는 데 도움을 준다. 독일 프랑크푸르트 대학의 교육학과에서 음악 교육이 아이의 인성에 미치는 영향에 대한 연구를 했는데, 음악은 두뇌를 자극해 두뇌 발달에 도움을 준다고 한다. 미국

의학계에서도 음악이 집중력을 높이는 데 충분한 효과가 있다고 발표
했으며, 특히 모차르트의 음악을 들으면 뇌 자극에 효과가 있다고 한
다. 평소에 모차르트 음악이나 다른 클래식 음악을 자주 틀어 놓으면
아이의 정서적인 안정과 집중력 향상에 도움이 될 것이다.

◯ 집중하는 시간과 쉬는 시간을 나누자

지금 내 앞에 여러 종류의 과자가 있다면 맛있는 것부터 먹을 것인가,
맛없는 것부터 먹을 것인가. 맛없는 것부터 먹으면 점점 배가 불러 나중
에 맛있는 것을 먹어도 생각만큼 맛있지 않다. 하지만 맛있는 것부터 먹
으면 먹는 내내 즐겁고, 나중에 맛없는 것을 먹어도 생각보다 맛있다.

공부도 마찬가지다. 싫어하는 과목부터 시작하면 집중도 안 되고 재
미가 없지만, 좋아하는 과목부터 시작하면 집중도 빨리 되고 꽤 오랫동
안 책상에 앉아 있을 수 있다. 성취감도 더 뛰어나다.

따라서 처음에는 좋아하는 과목부터 시작하도
록 하자. 문제집을 풀든 교과서를 읽든 아이가 몰
두해서 지속하는 시간이 얼마나 되는지 시간을
재보자. 그리고 그 시간을 기준으로 집중 시간을
점차 늘려가도록 한다. 이때 공부 시간이 아니라 집중 시간을 확인해야
한다. 책상에 앉아 딴짓을 하는 습관이 들면 자기도 모르게 늘 공부와
딴짓이 섞인 시간을 보내게 된다. 책상에 앉아 있는 시간은 무의미하

다. 얼마나 집중했는지가 중요하다.

그렇다고 집중 시간이 5분인 아이에게 한 시간을 공부하라고 강요해서는 안 된다. 한 시간을 앉아 있을 수는 있겠지만 집중해서 공부하는 느낌이 무엇인지는 배울 수 없다.

초등학생의 공부는 집중과 휴식을 구분하는 것만으로도 상당한 효과가 있다. 자녀의 집중 시간을 기준으로 공부와 휴식을 구분해 보자. 집중 시간이 10분이라면 알람으로 10분을 정하고 10분만 공부한다. 10분 알람이 울리면 1~2분 정도 휴식하고 다시 10분 공부하도록 한다. 이 과정을 2~3회 반복한 후 15분 정도 쉬는 시간을 두고 과목을 바꿀 것인지, 계속할 것인지 학습 진행 상태를 점검한다. 이 방법을 해보면 10분이 정말 길다는 것을 알 것이다. 집중만 한다면 한두 시간씩 걸리던 숙제가 10분 집중 두세 번 만에 뚝딱 끝나버린다. 그만큼 집중을 하면 효율적인 공부를 할 수 있다.

집중력은 사고의 근육이다. 몸 근육이 꾸준한 운동으로 발달하듯 집중력을 키우는 것도 꾸준한 연습이 필요하다. 갑자기 만들어지는 것이 아니다.

자녀가 집중력이 부족하다고 탓하지 말고 5분이라도 집중할 수 있도록 도와주자. 그리고 칭찬과 격려를 해주면 아이는 자신감을 얻게 된다. 내 자녀를 믿지 못하고 무조건 명령만 하면 결국은 아무것도 얻을 수 없다.

4

공부의 기본,
복습과 예습

◯ 예습은 선행학습이 아니다

예습은 앞으로 배울 내용을 미리 살펴보는 것이다. 어떤 내용을 공부하게 되는지 알아보고, 수업 시간에 채울 수 있도록 미리 머릿속에 자리를 마련해 두는 것이다. 예습을 하면 앞으로 배울 내용에 대해 궁금해지고 흥미를 갖게 된다. 자연히 수업 시간에 집중하게 된다.

그런데 요즘 학부모들은 예습보다 선행학습에 더 중점을 두고 있다. 초등학교 고학년들이 벌써 중학교 과정을 선행학습하며, 누구는 중1까지 진도가 나갔고 누구는 중3 진도까지 마쳤다고 자랑스럽게 이야기한다.

선행학습은 예습과는 다르다. 예습은 다음 시간에 무엇을 배울지 알기 위해 공부하는 것이지만 선행학습은 다음 시간에 배울 내용에 상관

없이 미리 공부하는 것이다. 그래서 수업 집중도나 효율성이 예습보다 훨씬 떨어진다. 4학년 학생이 5학년 과정을 선행학습했다고 해서, 5학년이 되면 예습할 필요가 없는 것이 아니다.

선행학습도 분명히 장점은 있다. 그런데 그 장점만 보고 더 큰 단점을 알아차리지 못하는 것이 문제다. 선행학습은 지난 과정을 차근차근 정리하지 않고 단원만 빨리 나간다. 예습의 효과가 전혀 없다. 앞에서도 언급했듯이 선행학습은 학원에서 이루어진다. 아이들 대부분 학원에서는 이해한 듯하지만 기초 정리가 안 된 상태에서 하는 선행학습이기 때문에 금세 잊어버린다. 거기에 '나는 학원에서 배웠어' 하는 생각에 수업 시간에 집중하지 못한다. 결국 시간과 경제적 낭비만 하고 정작 성적은 오르지 않는 경우가 허다하다.

하지만 예습은 수업 시간에 집중하게 한다. 학습 효과도 뛰어날 뿐만 아니라 수업 태도도 좋아진다. 예습은 거창한 게 아니다. 쉽게 생각하면 예습만큼 쉬운 것도 없다.

예습은 꼼꼼하게 할 필요가 없다. 그냥 한 번 읽거나 훑어보는 식으로 무엇을 배울 것인가만 알아두면 된다. 따라서 수업 시간 직전에 해도 된다. 좀 더 앞서 준비한다면 수업 전 날 훑어보면서 모르는 것이나 질문할 사항이 있으면 교과서에 표시하거나 적어두도록 한다. 그러면 수업 시간에 더 집중하게 되고 선생님에게 질문을 하는 등 수업 참여도가 더 높아진다.

미리 예습을 하면 학교에서 수업을 들을 때 심리적인 도움을 얻을 수 있다. 교과서에 자기가 공부한 흔적이 있으면 편안함과 자신감을 느끼게 되기 때문이다. 그에 비해 선행학습은 너무 멀다. 선행학습을 했다고 해서 예습 자체를 등한시해서는 안 된다. 예습과 선행학습은 분명히 다르다.

○ 수업 전 5분, 수업 후 5분을 활용하자

앞에서도 말했듯이 예습에 많은 시간을 들일 필요는 없다. 완벽하게 예습을 해버리면 오히려 수업 시간에 집중하지 못하기도 한다. 하지만 아예 안 한다면 수업 시간에 새로 배우는 것들을 이해하기 힘드니 수업 시간 전 쉬는 시간에라도 반드시 하는 것이 좋다.

짧은 시간 안에 예습을 하는 방법은 그림과 소제목만 보는 것이다. 소제목들을 보면 대강의 내용을 추측할 수 있다. 추측을 하다 보면 호기심도 생기고 질문도 생긴다. 자연히 수업에 집중하게 된다. 일단 '왜?'라는 생각이 들었던 문제가 해결되면 그 내용이 머리에 오래 남는다. 또한 머릿속에 생각해둔 질문을 수업시간에 하면 수업에 적극적인 참여를 하는 것으로 보여 선생님에게 좋은 인상을 줄 수 있다.

학교에서 쉬는 시간 10분은 중요한 자투리 시간이다. 대부분의 학생들이 화장실에 가거나 잡담을 하면서 쉬는 시간을 보낸다. 이 시간을 잘 활용하면 예습과 복습을 모두 할 수 있다. 짧은 시간에 어떻게 할까 싶지만, 쉬는 시간에 한 과목씩만 하면 된다. 수업이 끝난 후 공부한 내용을 한 번 훑어보고 이해가 가지 않는 부분을 표시하고, 수업 시작하기 전에 배울 내용을 훑어보는 데는 5분 정도면 충분하다.

사람의 기억은 20분 후부터 잊히기 시작한다. 한 시간이 지나면 50퍼센트, 하루가 지나면 70퍼센트, 한 달이 지나면 80퍼센트를 잊는다. 집에 와서 하는 복습은 잘해도 50퍼센트밖에 효과를 내지 못하는 것이다. 따라서 수업 후 20분 안에 짧게라도 복습을 하면 기억에 더 오래 남으므로 집에서 1시간 복습한 것과 같은 효과를 볼 수 있다. 한 과목을 복습하는 데 한 시간씩 걸린다면 좋은 방법이 아니다. 매일 수업을 받듯 복습도 매일 해야 한다.

수업 후 쉬는 시간에 복습을 했다고 끝나는 것이 아니라 집에 와서 다시 한 번 반복해야 기억에 오래 남는다. 집에 와서는 그날 배운 부분의 문제를 풀도록 한다. 매 수업마다 한 단원씩 진도가 나가는 것은 아니므로 단원으로 나뉜 문제집의 문제를 전부 풀 필요는 없다. 그날 배운 것을 문제집에서 골라 풀도록 하자. 오늘 배운 게 어떤 문제에 해당되는지 생각하며 찾는 것도 공부가 될 수 있다. 문제의 수도 많지 않아 덜 지루하고, 오늘 배운 부분과 전 시간에 배운 부분이 어떤 것인지 생각하는 과정을 거치면서 또 반복 학습을 할 수 있다.

복습을 하거나 문제를 풀 때 눈으로만 보지 말고 입으로 중얼거리면서 공부하는 것이 기억에 오래 남는다. 복습할 때는 그날 배운 것 가운데 중요한 것을 5분 정도 중얼거리고, 틀린 문제를 다시 풀 때는 자신이 선생님이라고 생각하고 풀이 과정을 설명하도록 하자. 애매하게 아는 것을 확실한 자기 것으로 만들 수 있다.

숙제는 복습의 또 다른 이름이다. 숙제는 대부분 그날 배운 내용을 복습하고 정리하는 데 도움을 준다. 수업 시간에 부족했던 부분을 숙제를 통해 채워 나갈 수 있다. 수업 내용을 제대로 이해했는지 확인하고 배운 내용에 대해 더 깊이 탐구할 수 있게 해준다.

숙제 자체가 학교에서 배운 내용을 복습하고 내면화하면서 공부하는 습관을 가지도록 하는 것이므로, 숙제만 제대로 해도 공부하는 데 필요한 습관을 가질 수 있다.

○ 반복 학습에도 순서가 있다

어느 누구도 한 번 보고 들은 것을 모두 기억할 수는 없다. 인간은 망각의 동물이라는 말도 있다. 지식을 습득하는 방법은 끊임없이 반복해서 기억하는 것밖에 없다.

배운 것을 내 것으로 만드는 최고의 방법은 반복이다. 반복에도 요령이 있고 방법이 있다. 절대적인 것은 아니지만, 자녀에게 한두 가지 팁을 주어 스스로 반복하고 기억하는 요령을 터득하도록 도와주자.

우선 한 번에 길게 기억하려 하기보다는 여러 번 짧게 나누어 기억하도록 하자. 영어 단어를 외울 때 연습장 한 장에 단어를 빽빽하게 쓴다고 해서 절대 잊어버리지 않게 되는 것은 아니다. 그것보다는 오늘 암기한 단어를 하루, 일주일, 한 달의 시간을 두고 다시 외우도록 하자. 그렇게 공부해야 완벽한 내 것이 된다.

그리고 문제집도 여러 번 들춰 보도록 한다. 그날 배운 내용을 복습하면서 문제집을 풀 때 어렵거나 잘 이해가 되지 않는 것을 표시해 둔다. 그리고 다음번에 문제집을 풀 때 앞에 표시해둔 것을 다시 풀어 반복 학습을 한다. 이러한 과정을 반복한다면 내가 어떤 문제 유형에 취약한지, 어느 부분을 이해 못했는지 알 수 있고 반복 학습을 통해 완전히 이해하게 된다.

한두 번 반복으로 완벽하게 암기하면 좋겠지만 아이들에 따라서는 대여섯 번을 반복해야 할 때도 있다. 만약 많은 시간을 투자했는데도 성적이 오르지 않는다면, 반복하는 방법에 문제가 있을 수도 있다.

반복 암기에 대해 참고할 만한 실험 결과가 있다. 어휘 성적이 비슷한 학생들을 세 그룹으로 나누어 100개의 단어를 한 시간 동안 외우게 했다. A그룹은 단어를 꼼꼼하게 암기하며 한 번만 보도록 했다. B그룹은 두 번 암기하도록 해 복습을 가능하게 했다. C그룹은 3회 반복해 복습과 총정리까지 하도록 했다. A그룹은 1회, B그룹은 2회, C그룹은 3회 반복 학습을 한 셈이다.

그리고 한 시간 후 단어 시험을 보았더니 A그룹이 평균 58점, B그룹이 평균 72점, C그룹이 평균 89점이었다. 각 그룹마다 평균이 달랐던 것은 반복 학습 때문이다.

이 실험 결과로 학습 효과를 극대화하는 최적의 공부 시간을 '수업 :

복습:총정리'의 비율로 따져 보니 6 : 3 : 1이라고 한다. 즉 영어 공부를 100분 한다면, 60분은 새로운 내용을 배우는 시간으로 활용하고, 30분은 복습, 10분은 총정리를 하는 것이 학습 효과를 최대한 얻는 시간 분배란 뜻이다.

물론 모든 아이들에게 100퍼센트 적용되는 방법은 없다. 자기주도학습이 몸에 배도록, 여러 번 시행착오를 거쳐 내 아이만의 방법을 찾는 것이 가장 좋고, 그 과정을 부모가 함께하는 것이 중요하다. 그러면 부모는 자녀의 성격이나 능력을 보다 정확하게 파악할 수 있고, 아이는 부모를 든든한 응원자로 삼아 안정된 상태에서 스스로 학습하는 방법을 터득할 수 있는 것이다.

5

학교 수업에
집중 또 집중!

공부를 잘하는 아이들은 노트도 잘 정리한다. 선생님이 강조한 내용에 밑줄을 치거나 형광펜으로 표시해 화려하게 보이기까지 할 정도다. 노트 필기는 복습은 물론 시험공부를 할 때 참고하기 좋다. 수업 중 선생님의 설명을 자기 것으로 만들어 재정리하고 설명의 중요도를 스스로 판단하고 곳곳에 보충 설명 등을 적어 나만의 참고서를 만들 수도 있다.

노트 정리가 중요한 이유는 수업 집중도가 높아진다는 장점과 함께 엄청난 학습 효과를 동반하기 때문이다. 그리고 누군가의 말을 듣고 그 핵심을 파악하여 요약하는 과정에서 정보의 도식화 및 체계화 능

노트 정리가 중요한 이유는 수업 집중도가 높아진다는 장점과 함께 엄청난 학습 효과를 동반하기 때문이다.

력도 쌓을 수 있다.

일단 노트 정리는 글씨가 깔끔해야 한다. 글씨체가 나쁘면 여유 공간을 넉넉하게 두고 필기하도록 하자. 노트 정리는 공간이 아깝다 싶을 정도로 넉넉히 하는 것이 좋다. 선생님의 설명을 단순히 받아 적는 것이 아니라 나름대로 보충하여 자기만의 표시를 해야 하기 때문이다. 보충은 선생님의 설명을 정리한 것과 다른 색의 필기도구를 사용하도록 한다.

필기는 공책으로 한정되지 않는다. 수업 시간에 펼치는 교과서 여백이나 유인물에도 필기한다. 단순히 문자가 아니라 별표, 밑줄, 박스 등 공부를 돕는 기록의 모든 형태는 전부 필기에 해당한다. 꼭 외워야 할 것, 확실하지 않은 것 등 나만의 규칙을 정해 놓고 색깔을 정하도록 하자.

나의 공부 의도, 생각, 느낌을 기록한 필기는 복습이나 시험공부 등 이후 모든 공부와 연결된다. 필기를 보면 그 단원을 공부하며 어떤 생각을 했는지 빨리 떠올릴 수 있기 때문에 시간이 단축된다. 나만의 공부는 오직 내 노트에만 있는 공부 흔적에서 시작된다.

효과적인 노트정리 방법 가운데 '코넬식 필기법'이 있다. 40여 년 전에 미국의 코넬 대학에서 개발한 노트 정리 방법이다.

방법은 간단하다. 맨 위에 교과서를 참고하여 학습 목표를 적는다. 그리고 '정리칸(필기)'에 수업 시간에 진행된 수업 내용을 적고, '단서칸'에 복습을 하면서 중요한 점이나 궁금증을 적는다. '요약칸'에는 그

페이지의 정리칸과 단서칸을 살펴보면서 전체 내용을 한두 문장으로
요약해서 적는다.

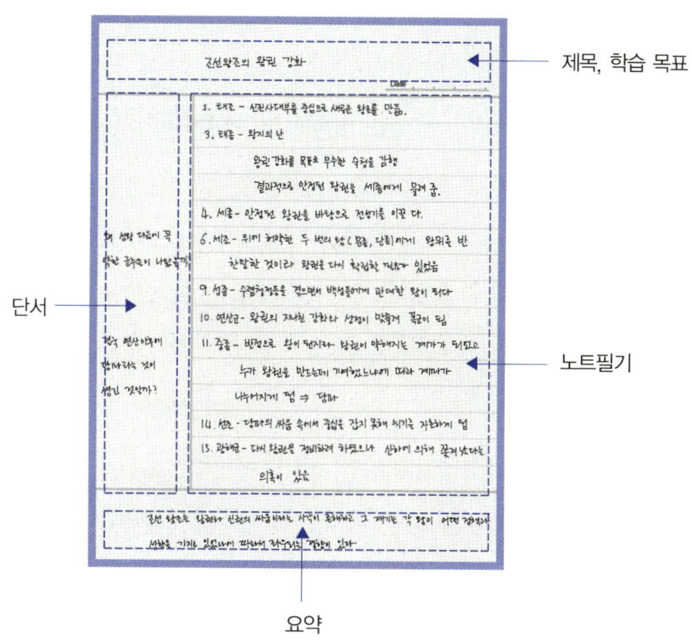

○ 유인물도 훌륭한 참고서다

노트 필기와 마찬가지로 유인물을 잘 정리한 학생들
의 성적이 대부분 좋다. 학교나 학원 수업 시간에 나누
어 주는 유인물을 잘 챙기지 않고 시험 때나 평가할 때
친구들에게 빌리느라 정신없는 학생들은 성적 역시 그저 그렇다.

정리 정돈은
공부의 기본이다.

정리 정돈은 공부의 기본이다. 정리 정돈이 된 환경에서 공부를 해야 공부한 내용도 머릿속에 정리가 잘 된다. 공부에 집중하다가도 필요한 책이나 참고서, 수업 관련 유인물을 곧바로 찾지 못하면 흐름이 깨지고 집중력도 떨어진다. 정돈된 환경 속에서 공부할 수 있도록 평소에 잘 정리해 두도록 하자.

학습 내용을 정리 정돈하는 방법으로 유용한 것이 바로 '바인딩'과 '인덱싱'이다.

바인딩이란 수업 시간에 학습한 내용들을 바인더 한 권에 모으는 것을 말한다. 자녀가 학교에서 과목마다 유인물을 받아오면 그것들을 묶어 바인더 한 권에 모아두도록 한다.

어느 정도 양이 채워지면 과목별, 영역별, 주제별로 분류해 인덱스를 붙이도록 한다. 이런 과정을 인덱싱이라고 한다.

바인딩을 하면 노트나 참고서를 여러 권 들고 다닐 필요가 없어 좋다. 또한 수업 시간에 받은 유인물과 참고서 내용을 함께 정리해 둘 수 있기 때문에 공부할 때 여기저기 뒤적거리지 않아도 된다는 이점이 있다.

바인더는 A4사이즈의 3공 바인더가 적당하다. 과목별 혹은 주제별로 바인더를 분류하며 인덱싱 할 때 유용하게 사용할 수 있다.

사소한 것이라도 정리 정돈해 두는 습관을 몸에 익히면 공부를 할 때 여러 가지로 도움이 된다. 또한 학교 수업 이외에 학원에서 받는 유인물이나 신문 스크랩 등에서 수집한 자료도 바인딩과 인덱싱을 활용하면 이 세상에 하나뿐인 자신만의 자료집을 만들 수 있다.

⬤ 질문을 통한 수업하기

질문은 수업 시간에 참여도를 높게 한다. 질문은 학습의 자신감을 높이고 배운 내용을 반복 학습하는 효과도 있다.

이해가 안 가는 부분이 있으면 선생님께 질문해서 확실하게 알고 내 것으로 만드는 것이 당연하다. 그런데 학생들은 질문은 모르는 아이, 공부 못하는 아이만 하는 것이라고 착각한다. 질문은 몰라서 하는 것이 아니다. 아예 모른다면 무엇을 질문해야 하는지도 모른다. 수업 시간에 관찰해 보면 대개 제법 공부 좀 한다는 아이들이 질문을 한다.

수업 내용 가운데 이해 가지 않는 부분이나 의문점이 있어도 선생님에게 묻지 않고 잠자코 있는 아이가 간혹 있다. 모른다고 말하는 것이 창피해 그냥 넘어가자고 생각한다. 그런데 그러면 따로 시간을 내야 하고, 만족스러운 답을 얻기 위해 꽤 많은 시간을 허비해야 한다. 하지만 질문을 하면 선생님이 즉각 대답을 해줄 것이다. 질문을 통해 얻은 지식은 잘 잊어버리지 않는다.

대부분 선생님은 질문을 하면 답만 일러 주지 않는다. 보충 설명을 하기도 하고, 예시를 들어 이해도를 높이기도 하며, 때로는 자유롭게 의견을 나누며 반 아이들과 함께 토론을 이끌어간다. 질문으로 학습의 질을 높일 수 있는 것이다.

물론 질문에도 전략이 있다. 먼저 간단하게 질문하기다. 장황하게 설명하기보다는 모르는 부분을 간단하게 말하는 것이다. "~이 무엇인 가요?" 하고 말하면 말하는 사람도, 듣는 사람도 질문의 요지를 정확 하게 파악할 수 있다. 자신이 아는 것을 나열하지 말고 모르는 것만 핵 심적으로 물어보는 게 중요하다.

그리고 최대한 구체적으로 물어보는 게 좋다. "방정식에 대해 전반 적으로 다 모르겠습니다"라는 질문을 받으면 선생님이 어떻게 대답하 겠는가. 그보다는 이해가 가지 않는 문제 유형을 들어 비슷한 문제를 몇 개 더 풀어 봤으면 좋겠다는 식의 질문이 낫다.

질문을 제때 하지 못했다면 수첩 혹은 과목 노트에 적어 두고 나중 에 질문하도록 하자. 수업 시간에 손을 드는 것이 어렵다면 수업 후 선 생님에게 물어 보는 것도 방법이다. 물론 질문한 내용을 나중에 보충하 는 것도 잊으면 안 된다.

○ 선생님의 말 중에 포인트가 있다

수업 시간은 선생님 혼자 이야기하는 시간이 아니라 학생들이 수업 내용을 인식하고 이해하는 과정이다. 따라서 학생이 먼저 능동적인 자세로 수업에 임해야 한다.

토론 학습이 생기면서 말하기 기술에 대한 교육을 많이 한다. 하지만 듣기 교육은 얼마나

구체적인 듣기 기술을 훈련받지 않으면 자신이 가진 듣기 능력의 25퍼센트 정도밖에 활용하지 못한다고 한다.

하고 있는지 의심이 된다.

여러 연구에 의하면 정상적인 청각 기능을 가지고 있어도 구체적인 듣기 기술을 훈련받지 않으면 자신이 가진 듣기 능력의 25퍼센트 정도 밖에 활용하지 못한다고 한다. 다시 말해 아이들이 수업 시간에 선생님의 말을 듣고 있어도 수업 내용을 모두 이해하는 게 아니라는 것이다. 수업 시간에 선생님 말에 집중해야 하지만 수업 시간에 한 이야기를 모두 받아들일 필요는 없다. 하지만 중요한 내용을 놓치고 선생님이 학습 분위기를 좋게 하기 위해 농담 삼아 한 이야기만 기억한다면 문제다. 그렇기 때문에 요점과 핵심을 찾아 듣는 듣기 기술이 필요하다.

요점과 핵심을 잘 들으려면 선생님의 말투나 행동에 주의해야 한다.

"이 문제에 대해 세 가지를 말할게. 첫 번째는……."

이런 식의 말은 세 번째가 나올 때까지 주의해서 들어야 한다는 뜻이다. 선생님이 잠시 말을 멈추고 아이들을 쳐다본다든지 하는 행동은 중요한 내용을 필기할 수 있도록 시간을 주는 것이다. 요점을 강조하기 위해 말투가 느려지거나 큰 목소리로 말하기도 하고, 반복해서 말하기도 한다. 반복되는 문장 속에 귀중한 정보가 들어 있을 가능성이 높다.

수업 구조를 익혀 두는 것도 효과적인 듣기에 도움이 된다. 대부분 선생님들은 개인적인 경험이나 최근에 일어난 사건 또는 과제나 시험 등에 관한 이야기로 수업을 시작해 아이들의 주의를 집중시킨다. 그리고 지난 시간에 다룬 내용과 이번 시간에 다룰 내용을 알려 주며 본 수업을 시작한다. 선생님이 핵심 개념을 제시하고 세부 내용을 이야기할 때 강조하거나 시험에 대한 이야기를 했다면 내용을 따로 표시해야 한다.

　마지막으로 수업 요점을 정리할 때 제대로 이해했는지 확인하고 이해하지 못한 부분이 있으면 표시해 두었다가 질문을 하거나 따로 보충하도록 한다. 무엇보다 선생님이 아이들의 관심을 모으고 분위기를 부드럽게 하기 위해 했던 이야기나 농담 등 수업과 관련 없는 내용에 빠져 수업 주제와 혼동해서는 안 된다.

6

실수하지 않는
시험의 기술

○ 시험 준비하는 요령을 알자

초등학교 저학년일 때는 시험 준비란 것이 시험 보기 전에 문제집을 푸는 정도였을 것이다. 시험 범위도 그리 많지 않으니 부담도 적은 편이다. 하지만 고학년이 되면 수업 내용이 어려워지고 암기할 것도 많아진다. 게다가 수업 시간에 다 이해한다고 생각했던 것도 막상 시험을 보면 헷갈리기 시작하고 머릿속에서 뱅뱅 돌기만 한다.

이제 자녀에게 시험을 준비하는 습관을 들이도록 하자. 계획을 세우고 차근차근 시험 준비를 해야 중·고등학교에 가서도 스스로 시험에 대비할 수 있게 된다.

시험 날짜가 발표되면 시험 볼 과목과 시험 범위를 바탕으로 시험 계획을 세운다. 이때 과목별로 날짜에 맞춰 계획을 세우되, 범위가 많거나 자신이 어려워하는 과목은 더 많은 시간을 배분하도록 한다.

시험 공부 1단계는 평소 공부다. '시험은 평소 실력으로 보는 것'이라는 말도 있다. 학교 수업과 예습 복습을 철저히 해두도록 한다. 그렇게 하면 시험을 위한 공부는 시험 2주 전에 시작하는 정도로 충분하다. 시험 직전에 벼락치기를 하면 간혹 좋은 성적을 내기도 하지만, 장기적으로 봤을 때 그리 효과적이지 못하다. 한꺼번에 많은 것을 공부하니 집중력도 떨어진다. 그것보다는 하루 15분, 30분씩이라도 복습을 하면서 반복 학습을 하도록 한다.

시험 준비는 교과서부터 시작한다. 교과서를 꼼꼼하게 읽고, 노트 필기 그리고 숙제한 것을 다시 살펴보도록 한다. 수업 시간에 나누어 준 유인물도 참고한다. 그런 다음에 시험 범위에 해당하는 문제를 풀고, 틀린 것이나 헷갈리는 것 등을 표시해 다시 한 번 풀어 본다.

시험 1주 전에는 응용 문제, 심화 문제를 풀며 지식을 문제에 적용하는 연습을 한다. 문제를 풀다가 모르는 것이 있으면 정답지를 보지 말고 교과서와 노트, 유인물 등에서 찾아보도록 한다. 학교 시험은 수업 시간에 배운 자료를 반복하는 것이 유리하다. 그리고 어려운 과목은 더 많은 시간을 들여 공부해서 자신감을 가지도록 한다.

기출문제를 미리 풀어보는 것도 도움이 된다. 흔히 '족보'라고 하는 것인데 학교마다 다른 시험문제 유형을 미리 경험할 수 있으므로 도움이 된다. 인터넷 사이트를 활용해도 좋고, 서점에 각 초등학교마다 유형별로 족보 문제집이 있으니 문제집을 활용하는 것도 방법이 될 수 있다.

문제를 많이 푸는 것보다는 틀렸던 문제를 다시 확인하는 것이 더 중요하다. 자주 틀리는 문제, 풀면서 헷갈렸던 문제들을 모아 오답노트를 만들어 똑같은 실수를 반복하지 않도록 한다.

그리고 시험에 대비해 얼마나 공부했는지도 중요하지만 그날 컨디션에 따라 점수가 많이 차이 나기도 한다. 시험 전날에는 늦도록 공부하기보다 일찍 정리하고 푹 자는 게 좋다. 충분한 수면이 기억력 회복에 도움을 주기 때문이다. 그리고 시험 보는 날 아침을 잘 챙겨 먹도록 하고, 자녀가 시험에 부담감을 가지지 않도록 편한 마음으로 배웅하도록 하자.

⬤ 오답노트 제대로 만들기

오답노트는 말 그대로 문제를 풀고 난 후에 틀린 문제들을 따로 정리해 놓는 노트다. 막상 만들려면 귀찮고 틀린 문제를 다시 짚어 보는 게 싫어서 게으름을 피우기 쉽다. 하지만 틀린 문제를 통해 자신의 약점을 찾을 수 있기 때문에 오답노트를 만드는 것은 꽤 중요하다.

무엇보다 왜 틀렸는지에 대한 원인을 다시 확인할 수 있어서 기억에 오래 남는다. 아무리 틀린 문제가 보기 싫더라도 오답노트는 문제를 푼 당일에 정리하는 것이 가장 좋다. 늦어도 3일 안에 틀린 이유라도 간단하게 적어두도록 하자.

　　오답노트가 유용한 가장 대표적인 과목이 수학이다. 수학 문제는 반드시 노트에 푸는 것이 좋다. 문제를 풀어가는 과정에서 자신이 몰라서 틀린 부분과 실수로 틀린 부분에 대해 점검할 수 있기 때문이다. 시험 기간 동안 자신이 틀린 문제를 다시 한 번 점검하고, 마지막에 정리해 놓은 공식들을 공부하면 효과적이다.

　　수학 오답노트는 학교 수업용과 수업 외 문제집용을 따로 만들도록 한다. 학교 수업용 오답노트는 단원별로 정리해 수업 시간에 제대로 이해하지 못했던 공식이나 유형에 맞는 문제, 다양한 풀이법, 공식, 도움말을 함께 적어 둔다. 문제집용 오답노트는 한 페이지에 한 문제씩만 적고, 남는 공간이 있더라도 이해가 될 때까지 반복해서 풀어 보면서 자신의 취약점을 보완해 나가도록 한다. 모르는 문제가 있을 때마다 바로바로 작성하는 것이 좋다.

　　국어는 지문도 길고 분량도 많아 오답노트를 만들기가 쉽지 않다. 하지만 지문 없이 문제와 답만 적는 것은 아무 의미가 없다. 그러니 전체 지문 가운데 문제와 관련된 일부분만 스크랩해서 오답노트에 붙이도록 한다. 지문을 붙일 때 중요한 개념이나 지문에 활용된 한자어나 속담의 뜻을 정리할 수 있는 여백을 따로 마련해 두는 것이 좋다.

　　영어도 국어와 마찬가지로 해석이 힘든 문장이나 문단만을 따로 기록해 두는 것이 좋다. 처음 보는 단어나 반의어, 유의어, 다의어 등은 오답노트에 정리하지 말고 단어장에 정리하도록 한다.

사회나 과학 등 기타 암기 과목은 단순히 틀린 보기만 체크하지 말고 관련된 사진이나 내용까지 함께 기록한다. 한 문제로도 넓은 범위를 공부할 수 있고, 유사 문제와 응용 문제까지도 쉽게 해결할 수 있다.

오답노트는 문제를 왜 틀렸는지 확실히 이해하기 위해 만드는 노트다. 정해진 형식이 있는 것은 아니지만, 오답노트를 만드는 데 정성을 들이느라 시간이 많이 걸린다면 문제다. 오답노트를 만드는 자체가 목적이 되어서는 안 된다. 많은 시간을 투자하고 고작 한두 번 볼 바엔 오답노트를 안 만드는 편이 낫다. 차라리 같은 문제집을 3번 이상 풀어보며 틀린 문제를 다시 푸는 게 더 도움이 될 것이다.

또한 해답지를 보면서 오답노트를 만들어서도 안 된다. 먼저 확실하게 문제를 풀어 보고 이해한 후에 만들어야 오답노트를 만드는 목적을 이룰 수 있다.

○ 문제 안에 답이 있다

시험 문제는 누가 더 많이 맞히는가가 아니라, 누가 더 많이 틀리는가에 중점이 있다. 따라서 문제집 문제와 달리 응용된 문제도 많고 기존 유형을 비튼 문제도 많다. 그렇기 때문에 문제를 풀면서 출제자의 의도에 맞춰 답을 골라야 한다.

우선 아이들은 문제를 제대로 읽지 않아서 틀리는 경우가 많다. "다음 중 틀린 답을 고르시오" 또는 "두 개 이상 고르시오"라는 문제를 제대로 읽지 않아 틀린다. 문제를 읽을 때 이런 단어는 밑줄을 그어 실수하지 않아야 한다.

객관식 문제는 보기에서 오답인 것부터 지워 나가는 것이 요령이다. 그리고 아이들이 어려워하는 서술형 문제의 해답을 쓸 때는 핵심 단어만 들어가면 된다. 장황하고 길게 쓸 필요가 없다. 문제에서 요구하는 핵심 개념을 감안해 문장으로 작성하면 좋은 점수를 얻을 수 있다.

그리고 문제를 반드시 순서대로 풀 이유는 없다. 모르는 문제나 헷갈리는 문제는 과감히 넘기고 다음 문제를 풀도록 한다. 아는 문제부터 풀어야 자신감도 얻을 수 있고 집중력도 발휘할 수 있기 때문이다. 모르는 문제를 붙들고 있으면 시간은 시간대로 걸리는 데다 불안해지기 쉽다. 가끔 다른 문제를 다 풀고 나면 못 푼 문제의 답이 떠오르는 경우가 있다. 이때 못 푼 문제에 표시해 두는 것을 잊으면 안 된다. 헷갈리는 문제, 못 푼 문제는 따로 표시해 나중에 풀도록 하자. 나중에 풀 때도 생각이 나거나 조금이라도 확신이 있는 것부터 풀고, 어렵거나 시간이 많이 걸리는 문제는 나중에 풀도록 한다. 그리고 표시된 문제들을 모두 풀었는지 꼭 확인하도록 한다. 풀지 않고 넘어간 문제를 나중에 실수로 안 풀어서 점수를 깎이지 않도록 주의한다.

문제가 어렵다면 문제지의 여백에 관련된 교과 지식을 기억나는 대로 적어 본다. 수업 시간에 배웠던 기억을 더듬어 보면 문제에 대한 실마리를 찾을 수도 있고, 기억나지 않았던 단어가 떠오를 수도 있다.

○ 요약노트 만들기

시험 당일에는 쉬는 시간도 중요하다.

아이들 대부분이 쉬는 시간에 전 시간에 본 시험의 답을 맞히려 할 것이다. 아이들끼리 서로 물어보거나 교과서를 들춰 가며 정답을 찾으려 한다. 누구는 어려웠네, 누구는 쉬웠네 하며 시험의 난이도에 대한 잡담도 많이 할 것이다. 그런데 이 모든 것이 도움이 되지 않는다. 오히려 틀렸다는 것을 알면 심리적으로 충격을 더 받을 뿐이다.

지난 시험에 신경 쓰기보다 앞으로 남은 시험에 집중해야 한다. 화장실을 다녀오고, 몇 분간이라도 심호흡과 조용한 명상을 통해 다시 한 번 집중력을 발휘할 준비를 해야 한다.

쉬는 시간 동안 공부한 내용을 모두 살펴보는 것은 불가능하다. 이때는 책보다 요약노트를 가져가 빠르게 훑어보는 것이 좋다. 기억에 오래 남고, 그동안 알고 있던 내용을 정리하는 데도 훨씬 효과적이기 때문이다.

요약노트는 시험 전날 공부를 마치며 A4용지에 중요한 내용을 정리하는 것으로 만든다. 노트를 만들면서 다시 한 번 머릿속에 내용을 정리하기 때문에 반복 학습 효과도 있다. 요약노트를 만들 때는 알고 있는 내용은 적지 않는다. 괜히 이것저것 많이 적으면 내용이 많아져서 시간만 낭비된다. 외워도 계속 까먹거나, 헷갈리는 것만 적어 마지막까지 최선을 다하도록 한다.

◯ 시험 마무리는 어떻게?

시험이 끝나면 자녀도 부모도 긴장이 풀어지기 마련이다. 아이는 실컷 놀고 싶어 할 것이다. 공부만큼 노는 것도 중요하다. 시험 준비를 하느라 쌓인 스트레스를 풀어야 또 다시 학습에 매진할 수 있을 테니까 말이다. 하지만 시험이 끝났다고 지금까지 공부한 것이 필요 없어지는 게 아니다. 시험은 아이에게 성적표만 남기는 것은 아니므로 자녀와 함께 시험에 대해 되새겨 보도록 하자.

우선 시험에서 틀린 문제를 정리한다. 수업 시간에 놓친 건지, 아니면 문제집을 풀면서 교과서에 옮겨놓지 못한 것인지 확인한다. 그리고 이런 문제들은 잘 정리해 기말 고사 때 실수하지 않도록 해야 한다. 특히 알면서 틀린 문제는 반드시 확인해 실수의 원인을 찾는다.

실수한 문제를 살펴본 후, 실수하지 않고 맞았다면 몇 점을 얻을 수 있었을지 이야기해서 점수에 대한 아쉬움을 느끼게 한다. 그리고 "다음부터 실수하지 마라"라며 넘어갈 것이 아니라, 해당 단원의 개념을 충분히 이해할 수 있도록 문제집과 교과서에서 비슷한 문제 유형을 찾아 풀게 한다.

시험 계획을 검토하는 것도 잊지 말자. 시험 계획을 잘 짰는지, 준비 기간은 충분했는지, 계획대로 실천을 잘했는지 등을 체크해 다음 시험 준비를 할 때 참고하도록 한다. 그리고 학원이나 과외를 하고 있다면 그 효율성도 확인해야 한다.

이 모든 것은 자녀와 함께 의논해야 한다. '엄마가 다 알아서 해줄게' 하는 식은 자기주도학습을 방해하며 자녀의 자신감을 꺾는 일이다. 무엇보다 시험 점수가 중요한 것이 아니라 공부하는 습관이 중요하다는 점을 아이에게 인식시키자.

이와 같이 시험에 대해 다시 생각하되 시험 점수의 높고 낮음에 민감하게 반응하면서 혼내거나 무조건 칭찬하는 것은 옳지 않다. 아이가 시험지를 내미는 그 순간이 이후의 공부 습관을 변화시킬 수 있는 중요한 계기다.

시험이 끝났다며 밖으로 뛰어나가는 자녀를 붙잡는 것이 어려울 수도 있다. 하지만 시험은 어른이 되어서도 계속된다. 한 번 잘 봤다고 자만해서도 안 되고, 못 봤다고 기죽을 필요도 없다. 누구를 위해서 공부하는 것이 아니라 자신을 위해서 하는 것인 만큼 스스로 공부하는 것이 중요하다. 초등학생 때부터 시험이 끝난 후 정리하는 습관을 들이면 중·고등학생이 되어서도 어렵지 않게 할 수 있을 것이다.

이렇게 공부 습관이 잡힐 때까지 부모의 지속적인 관심과 안내가 필요하다는 것을 명심하자.

PART 3

혼자서도
잘하게 하는
습관 만들기

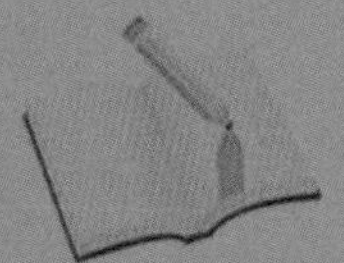

일단 공부의 즐거움을 알게 되면 누가 시키지 않아도 공부를 하고 싶은 의욕과 의지가 생긴다. 따라서 학습 동기가 없으면 학교 수업이든 학원 수업이든 무의미하다. 학원 수업도 시간 때우기이며, 과외를 받더라도 수동적으로 움직이게 된다. 그것은 진정한 학습이라 할 수 없다. 좋은 성적을 낼 수 있는 공부 방법이 아니라는 뜻이다. 우리가 학습 의지와 동기 그리고 성취욕을 강조하는 이유도 이 때문이다.

1

학원이 꼭 필요할까

자녀에게 공부를 가르치던 부모가 한계를 느끼기 시작할 때가 보통 5학년부터라고 한다. 특히 수학 과목에 부담이 커지면서는 자녀의 공부를 아예 학원에 맡기거나, 엄마가 자녀를 가르치기 위해 수학 공부를 하다가 거의 학원 선생이 되어버리고 만다.

확실히 수업 내용과 수준이 어려워지지만 정작 아이는 잘 느끼지 못한다. 수학이 어려워지는 만큼 아이의 사고력도 자라기 때문이다. 다시 말해 공부가 어려워진 것은 자녀에게 그만한 능력이 생겼다는 뜻이다. 자녀가 충분히 자기 노력으로 헤쳐 나갈 수 있다는 것을 먼저 염두에 두자.

학원은 저마다 전문 교육 시스템을 가지고 있어서 학교와는 다른 커리큘럼으로 진행된다. 교과서 진도를 앞서 나가는 것은 물론 심화 학습과 응용 학습을 할 수 있다는 장점이 있다.

하지만 학원 공부에 익숙해진 아이들은 '진짜 아는 것'과 '안다고 생각하는 것'을 구분하지 못한다. 학원에서 공부했으니 학교 수업 시간에 선생님이 말하는 것은 이미 다 안다고 생각하겠지만, 막상 시험을 보면 점수는 그다지 좋지 않다. 학원의 선행학습 탓에 어설프게 기억에 남은 것을 전부라고 생각하고는 스스로 공부해야 한다는 것을 깨닫지 못한다. 학원 공부에 익숙해진 나머지 수동적인 학습 태도에 빠져 버린 것이다. 학교에서 부족한 것을 학원에서 배웠다고 생각하고는 그것으로 만족한다.

더군다나 학원은 한꺼번에 많은 아이들을 획일적으로 가르친다. 그러다 보니 학원 수업이 익숙하지 않은 아이에게는 벅찰 수밖에 있다. 그러므로 학원 수업을 받고자 할 때는 먼저 커리큘럼을 확인하고, 내 아이와 학원 모두와 충분한 상담을 한 후 결정하도록 하자.

만약 자녀가 "엄마, 국어 공부를 어떻게 해야 할지 모르겠어요"라고 하면 엄마 입장에서도 정말 막막할 것이다. 무작정 "학원 다녀라"라고 하지 말고, "우선 매일매일 문제집을 풀면서 복습해 보자"라고 말해 주면서 방법을 찾아보자. 자녀와 함께 방법을 찾으면서 취약한 과목을 보충하고 심화 학습을 하자. 과목마다 학원에 가는 요일이 다르듯, 과목별로 공부하는 요일을 정해 두면 기억하기 쉽다. 그렇게 자녀가 자리를 잡으면 굳이 학원에 다닐 필요가 없다. 만약 그래도 안 되면 학원에 다니게 하자. 적어도 아이 자신이 왜 학원에 다녀야 하는지 알게 되니 수업에 더 열중할 수 있을 것이다.

자기주도학습은 스스로 내 공부의 주인이 되는 것이지 아무 도움도 받지 않는 것이 아니다. 자기주도학습을 하는 이유가 사교육비를 줄이는 데 있다고 생각하면 오산이다. 혼자 공부하더라도 부족한 부분은 학원이든 인터넷 강의든 활용해야 한다. 혼자서 할 수 없다면 사교육의 도움을 받는 것이 낫다. 학원이나 과외를 어떻게 활용하느냐의 문제이지 학원을 다니느냐 마느냐의 문제가 아니다. 다만 사교육도 학교 공부와 마찬가지로 예습과 복습을 해야 한다.

학원 선생님의 수업 방식이나 진도 등을 눈여겨봐 두었다가 혼자 공부한다면 어떻게 하면 좋을지 아이디어를 얻고 방법을 배우면 그것 역시 자기주도학습이 된다.

○ 사교육 없는 우등생, 신화가 아니다

공부는 어쨌든 결국 혼자 하는 것이다. 옆에서 부모와 선생님은 도와주는 역할을 할 뿐, 주체가 되는 것은 아이다.

아이 혼자 결정을 하고 계획을 세워 가며 공부하는 게 쉬운 일은 아니다. 곁에서 지켜보면 안됐다는 생각도 든다. 하지만 아이 입장에서는 스스로의 힘으로 공부했기 때문에 성적이 올랐을 때의 즐거움을 누구보다 더 잘 안다. 일단 공부의 즐거움을 알게 되면 누가 시키지 않아도 공부를 하고 싶은 의욕과 의지가 생긴다. 반대도 학습 동기가 없으면 학교 수업이든 학원 수업이든 무의미하다. 학원 수업도 시간 때우기이며, 과외를 받더라도 수동적으로 움직이게 된다. 그것은 진정한 학습이라 할 수 없다. 좋은 성적을 낼 수 있는 공부 방법이 아니라는 뜻이다. 우리가 학습 의지와 동기 그리고 성취욕을 강조하는 이유도 이 때문이다.

한국교육개발원의 분석 결과에 따르면 우리나라 학생들은 학년이 올라갈수록 학습 동기가 떨어진다고 한다. 그 이유 가운데 하나가 사교육이다. 사교육은 일시적으로 성취에 도움이 되지만 결과적으로는 학습 동기에는 부정적인 영향을 끼쳐 학업성취를 낮추게 된다는 것이다.

또 다른 언론 조사에 의하면 사교육을 받은 아이들은 그렇지 않은 아이들에 비해 창의력이 낮은 반면, 우울증과 공격성은 높다는 결과가 나왔다. 누가 시키지 않으면 학습할 수 없고, 수동적으로 학습을 하다 보니 잠재된 능력을 발휘할 틈도 없이 타인에게 의존하는 데 익숙해져 자신의 삶을 책임지지 못하고 남의 탓만 하게 되는 것이다.

분명히 사교육의 장점도 있을 것이다. 하지만 사교육이 모든 문제의 해결책은 아니다. 사교육을 받는다고 모두 우등생이 되는 것도 아니다. 오히려 공부 잘하는 아이들 가운데에는 이렇다 할 사교육을 받지 않은 아이들이 많다. 우등생들이 "교과서로만 공부했어요" 혹은 "학원은 안 다녀요"라고 말하는 것은 자기주도학습 능력을 갖췄기 때문에 굳이 학원에 다닐 필요가 없었다는 뜻이다.

따라서 부모는 사교육이 '비싼 만큼 값을 하겠지' 하는 막연한 생각은 버리고, 사교육 없이 자기주도학습법으로 내 아이가 우등생이 될 수 있도록 옆에서 도와주도록 하자.

그러기 위해서는 일단 공교육에 대한 믿음을 가지고 있어야 한다. 일부 부모들이 담임선생님을 비롯해 방과 후 선생님의 학력까지 꼼꼼하게 따지고 들면서 심하게 간섭하는 경우도 있는데,

서로 피곤해질 뿐이다. 임용고시를 치른 공교육 교사의 교육적 자질은 그 어떤 강사에도 뒤쳐지지 않는다. 학부모의 신뢰가 있을 때 학교와 교사는 더 좋은 가르침을 주려고 할 것이다. 그러니 아이 앞에서 학교나 선생님에 대한 불만을 함부로 이야기하지 말자. 부모의 말에 상처를 받을 수도 있고, 부모처럼 학교에 대한 불신이 커질 수 있다. 학교에 대한 거부감까지 생길 수 있다. 학원보다는 학교를 우선시하도록 하자. 수업의 진도는 물론 숙제도 학원보다는 학교 것을 먼저 하는 것이 맞다.

학원이나 과외 말고도 학교 외에서 수업을 받을 수 있는 방법은 있다. 교육방송이나 인터넷 사이트를 활용하는 것이다. 특히 EBS 교재는 국가가 사교육을 대체할 보조 수단으로 마련한 것이니만큼 질적으로도 우수하다.

사교육 업체는 학교 수업만으로는 절대 성적을 많이 올리거나 좋은 대학에 갈 수 없다고 광고한다. 이 말을 따르면 학교는 물론 학교 선생

님에 대한 불신으로 이어지고, 학원에 의존하는 정도가 심해지므로 자기주도학습 능력을 갖춘 학생들에게 부정적으로 작용해 학습에 방해만 될 뿐이다. 아무리 학원 성적이 좋아도 학교 성적을 잘 받는 것 만큼의 성취감을 얻을 수 없다는 점을 꼭 알아주길 바란다.

2

가정에서 하는
공부 지도

> ◯ 방문 학습지, 인터넷 강의 100% 이용하기

아마 요즘 아이들은 서너 살 때부터 방문 학습지를 시작했을 것이다. 놀이 학습이나 한글 수업으로 시작했던 학습지가 학교 수업까지 이어지는 경우도 많을 것이다.

그런데 많은 아이들이 고치기 힘들어하는 버릇이 있는데, 학습지 진도를 밀리는 것이다. 학습지는 집에서 짧은 시간에 저렴한 비용으로 효과적으로 공부할 수 있는 방법이다. 방문 교사가 아이와 일대일로 수업하기 때문에 아이의 학습 습관과 진도 등을 확인하기 쉽다는 장점이 있다. 그럼에도 불구하고 학습지가 밀리는 것은 고학년이 되면 비슷한 문제를 반복하여 푸는 것을 지겨워하기 때문이다. 더군다나 중학교 공부에 대한 걱정이 시작되는 초등학교 고학년이 되면 학습지로 충분하지 않다는 생각이 들기도 한다.

학습지가 밀리는 것을 아이의 게으름 탓으로 돌릴 수는 없다. 몸이 아플 수도 있고, 학교 행사며 가족 모임으로 밀리기도 한다. 학생들은 학교 숙제, 계획표의 공부, 독서, 학원 공부 등 학습지 말고도 할 것이 많다. 학습지가 한 번도 밀린 적이 없는 아이는 없을 것이다.

"또 밀렸어!" 하고 혼내는 것보다는, 자녀가 소화할 정도의 양을 매일 꾸준히 하고 있는지부터 확인하도록 하자. 초등학생들에게 밀린 학습지는 앞으로 수도 없이 밀려들 공부에 대처하는 연습이다. 쌓이는 공부 부담 앞에서 흔들리지 않는 훈련을 하는 것이다.

일단 밀린 학습지를 그냥 버릴 수 없다. 한꺼번에 풀게 하지는 말고 오늘 해야 할 공부를 한 후 시간이 남으면 그때 밀린 문제를 풀게 한다. 이것은 다른 공부를 할 때도 마찬가지다. 어제 복습을 빼먹었더라도 오늘 복습이 먼저다. 어제 복습은 자투리 시간을 이용하거나 주말에 하도록 한다. 어제가 어떠했든 오늘 해야 할 공부에 집중하고 보람을 느껴야 한다.

학습지에는 단계별·수준별 학습을 위한 전문가들의 노하우가 숨어 있다. 주어진 분량을 모두 소화하지 못하더라도 규칙적인 공부 습관을 만드는 도구로 활용해 보자. 매일 조금씩 풀면 몸에 습관이 된다는 사실을 스스로 깨닫게 하는 것이다. 밀린다고 해서 학습지를 끊어 버리면 돈이 절약된다는 것 외에 남는 게 없다.

그리고 학습지는 시간을 정해 놓고 하도록 하자. '시간이 나면 해야

지' 하고 생각하면 안 된다. 길게도 필요 없다. 20분 정도 학습지 할 시간을 정하자. 자녀가 혼자 하기 어려워한다면 저녁 준비를 하는 동안 식탁에서 하게 하는 것도 좋은 방법이다.

아이가 학습지 공부를 하는 시간에 부모도 공부하는 모습을 보여주는 것도 좋다. 고학년 정도 되었으면 아이의 공부를 함께할 필요는 없다. 그냥 옆에서 책을 읽거나 가계부 등을 정리하는 것만으로도 아이는 심리적으로 도움을 받는다. 그런 아이는 책상에 가족과 함께 둘러 앉아 있는 것만으로도 즐거워한다.

학습 보조로 인터넷 강의, 즉 '인강'을 빼놓을 수 없다. 요즘은 교육 방송을 비롯해 인강의 활용도가 매우 높아지고 있다. 인강은 시간과 공간에 제약을 받지 않고 학원보다 저렴한 가격에 이용할 수 있다는 장점이 있다. 반면 이와 같은 장점이 때로는 단점으로 변한다. 가격이 저렴하다고 자신의 수준과는 상관없이 유명한 강의를 마구 신청한다든지, 강의를 끊어서 보면서 집중력을 떨어뜨리기도 한다.

인강도 학교나 학원 수업처럼 시간을 정하고 시청하는 것이 좋다. 몰아서 여러 강의를 듣는 것은 도움이 되지 않는다. 집중력 없이 컴퓨터 앞에 앉아 있는 것은 효과가 없다. 그리고 미리 예습을 해서 잘 이해하기 힘들 것 같은 부분이나 자신이 취약한 부분의 내용을 선별해서 듣는다면 시간 낭비도 없을 것이다. 문제 풀이 위주로 된 강의는 자칫 강의를 따라가기 벅찰 수 있으니 잘 선택해야 한다.

자녀가 혼자 교육방송이나 인강을 듣게 하지 말자. 텔레비전은 다른 채널의 유혹이 있고, 컴퓨터는 SNS나 게임의 유혹이 있다. 따라서 혼자 공부하다 보면 쉽게 유혹에 넘어갈 수도 있다. 그러므로 거실처럼 개방된 곳에서 보게 하는 것이 좋다.

○ 칭찬은 스스로 공부하게 만든다

자녀에게 어떤 식으로 칭찬을 하는가. 흔히 "잘한다" "최고야" "넌 아주 똑똑하구나" 하는 식일 것이다. 부모는 아이의 장점을 띄워서 칭찬하면 자녀가 자부심을 갖게 될 것이라고 생각한다. 하지만 막무가내로 칭찬하는 것은 그리 좋은 방법이 아니다.

칭찬은 고래를 춤추게 한다고까지 하니, 칭찬은 뭐든 좋다고 생각하기 쉽다. 그런데 스탠퍼드대 심리학 교수인 캐럴 드웩(Carol Dweck)에 의하면 자부심만 살려 주는 칭찬은 역효과를 부른다. 자녀

가 스스로 정말 잘났다고 생각해 결과적으로 더 성장할 수 있는 기회를 놓친다는 것이다. 적정선을 지키면 칭찬은 자기에 대해 긍정적인 사고방식을 갖게 하지만 무조건 떠받들어 칭찬하다 보면 자녀는 자아도취 증세에 빠지게 될 것이다. 어디서든 남보다 튀어야 한다는 강박관념에 휩싸이고, 그렇지 못할 경우 공격적으로 변하기 쉽다. 그러다 보니 문

제가 발생했을 때 이성적으로 판단하지 못한다. 판단의 기준이 내 자존심이 상하느냐, 아니냐에 달렸기 때문이다. 모든 기준이 자신이기 때문에 자신이 무시당하면 무조건 잘못된 일로 여기기 쉽다.

올바른 칭찬법은 무엇일까? 앞에서 칭찬과 격려에 대해 말했듯, 결과가 아닌 과정을 칭찬하는 것이다. 백 점을 받았다고 칭찬할 것이 아니라 백 점을 받기 위해 자녀가 얼마나 노력했는지를 칭찬하는 것이다. 아이가 잘해낸 것에 초점을 맞춰 칭찬을 하라는 것이다.

아쉽게도 우리 아이들은 성적으로 칭찬받는 경우가 많다. 그것도 꽤 자극적으로 칭찬을 한다. 수학에서 "백 점을 받다니 천재"라며 치켜세우고 옆집 애보다 성적이 좋다며 엄지손가락을 들어주고는 "네 성적이 올라서 엄마가 살 것 같다"라며 호들갑을 떤다.

겉으로는 아이의 기를 살려 주는 것 같지만 오히려 자녀의 기를 꺾는 일이다. 아이는 스스로가 시험 점수로만 평가를 받고 있다고 생각해 시험 점수가 조금이라도 떨어지면 더 심하게 풀이 죽어 버린다. 동기를 잃고 다시 해보려는 의지도 약해질 수 있다.

긍정적인 칭찬은 자녀가 무엇을 잘할 수 있는지 깨닫게 한다. 그것만으로도 자기주도학습자가 될 준비가 되었다고 할 수 있다. 자신을 잘 아는 아이는 스스로 무엇을 해야 하는지 명확하게 안다. 잘하는 것 하나를 계속해서 발전시키다 보면 그와 연관되는 또 다른 일을 잘할 수 있게 되고 이는 아이의 자신감을 향상시켜 준다. 자녀가 얼마나 열심히 노력했는지를 안다면 결과에 상관없이 칭찬과 격려를 해야 한다. 그래야 스스로 노력하는 아이가 된다.

이렇듯 자기주도학습자의 길은 주위의 제대로 된 칭찬에서 시작한다. 그 시작이 자리 잡을 때까지 부모가 기다려 주면 그 효과는 배가되어 나타날 것이다.

어느 순간 아이가 잠만 자거나, 게임에 빠져 버리거나, 멍하니 앉아 있으면 부모는 긴장하게 된다. 학교에서 무슨 일이 있는 것은 아닌지, 친구 사이에서 따돌림을 당하는 것은 아닌지, 이러다가 성적이 떨어지면 불안해진다. 그래서 때로는 엄하게 다스린다며 잔소리를 하거나 매를 든다.

어른들도 노력한 만큼 성과가 나오지 않으면 무기력해진다. 아이도 마찬가지다. 아무리 열심히 해도 성적에 별다른 표시가 나지 않으면 아이는 무기력해진다. 아무리 해도 안 된다는 생각에 싸여 있는데, 거기에 부모의 잔소리가 더해진다면 아이는 더 깊은 슬럼프에 빠져 버릴 것이다.

학습 슬럼프를 일으키는 가장 중요한 원인 가운데 하나는 자존심에 입은 상처다. 자신이 세운 목표나 기대가 충족되지 못하면 상처 받기도 하고 또는 자신보다 우수한 학생이 있다는 것을 알게 되어 상처 받기도 한다. 아직 어리기 때문에 이런 감정을 잘 다스리지 못하는데, 이를 극복하지 못하면 아이는 좌절해서 학습 동기가 떨어지고 곧 슬럼프를 맞게 된다.

공부가 늘 즐거울 수만은 없다. 그러니까 슬럼프는 누구에게나 온다. 슬럼프는 학습 과정의 일부다. 아이가 슬럼프에 빠진 것 같다고 크게 걱정할 것도 없다. 괜히 아이에게 공부하라고 잔소리를 해도 도움이 되지 않는다. 오히려 휴식을 통해 재충전을 하는 것이 효과적이다. 그렇다고 아무것도 하지 않은 채 마냥 놀게 하라는 것은 아니다. 다른 일을 하면서 기분 전환을 시도하라는 것이다. 긍정적인 마음가짐으로 자녀와 함께 슬럼프를 이겨내는 방법을 찾아보자.

학습 분위기나 학습 방법을 바꾸는 것이 방법이 될 수 있다. 이때 소문이나 유행에 휩쓸리지 말고 아이의 능력과 성격을 정확하게 파악하는 것이 중요하다. 갑자기 모든 것을 바꾸면 자녀가 새로운 환경에 적응하는 데 부담을 가질 수 있다. 부모의 속은 다급하겠지만, 자녀가 슬럼프를 극복해 제자리로 돌아올 때까지 조금만 기다려 주자. 부모가 아이를 기다려 주는 모습도 나중에 자녀가 안정적인 학습 습관을 갖추는 데 도움이 될 것이다.

소위 엄친아, 엄친딸들은 슬럼프 없이 잘 넘어가는 것처럼 보이겠지만, 그 아이들 역시 슬럼프는 겪는다. 그 아이들이 다른 점은 내적으로 학습에 대한 동기가 충분히 다져졌기 때문에 다른 아이들보다 상대적으로 가볍게 지나가는 것뿐이다.

◯ 좋아하는 과목, 싫어하는 과목

학년이 높아지면 과목 수도 늘어나 교과서에서 다루는 분야가 다양해진다. 아이들도 사고력과 판단력이 자라면서 자연스럽게 좋아하는 과목, 싫어하는 과목이 드러나기 시작한다.

모든 과목을 다 좋아하면 좋으련만 싫은 과목은 듣기만 해도 얼굴을 찡그린다. 지금은 억지로 해서 시험 점수가 잘 나온다고 하더라도, 중학생이 되면 좋아하는 과목과 싫어하는 과목의 점수차가 크게 도드라진다. 성적이 떨어지면 아예 포기하고 좋아하는 과목의 점수에서 보충하겠다는 생각까지 한다. 이런 현상은 학년이 올라갈수록, 특히 중위권 학생들에게서 뚜렷해진다.

싫어하는 과목은 자연히 등한시하게 된다. 학습량이 줄어드니 성적이 떨어지고, 성적이 떨어지면 보기 싫어 공부를 더욱 안 하게 돼 성적이 더 떨어지는 악순환이 계속된다.

공부 잘하는 아이들도 분명 과목에 대한 선호도가 있다. 다른 점이라면 그 균형을 잘 잡는다는 것이다. 계획표를 짤 때 부족한 과목은 시간을 더 많이 할애한다. 그리고 좋아하는 과목과 싫어하는 과목을 번갈아 가며 함께 공부한다.

보통 싫어하는 과목에 대해 지레 겁을 먹는 아이들이 많다. 싫어하는 과목이니까, 시험 점수가 잘 안 나오는 과목이니까 어려울 것이라고 생각하고 공부를 피하는 것이다. 그런 경우 자녀에게 자신감을 키워 주자. 아마 싫어하는 과목을 처음부터 싫어하지는 않았을 것이다. 그 가운데 그래도 관심 있고 재미있어 하는 부분부터 시작해도 된다.

우선 쉬운 문제집을 선택하자. 그리고 관심 있는 단원부터 5문제, 또는 한 쪽씩 매일 풀기를 하자. 그리고 조금씩 공부 양을 늘리거나 공부할 범위를 넓혀 나가자. 몇 개 안 되는 문제라도 정답을 맞히면 자녀는 조금씩 자신감을 키워 나갈 것이다. 별것 아닌 듯하지만, 싫어하는 과목에서 문제를 다 맞힌 경험 덕분에 그 과목에 관심을 갖게 되기도 한다.

보통 공부는 교과서로 이해하고 문제집으로 정리하는 것이 순서다. 하지만 싫어하는 과목을 공부할 때는 반대로 해보자. 문제집으로 뭘 공부해야 할지를 살펴본 뒤 교과서로 기본 개념과 원리를 정리하는 것이다. 그리고 나서 문제집으로 다시 돌아와 이해되지 않았거나 어려워 포기했던 문제를 다시 풀어보도록 한다.

어쩌면 자녀가 싫어하는 과목이 생긴 이유가 부모에게 있을지도 모른다. 시험을 보고 나서 점수가 낮은 과목을 자꾸 언급하고 꾸중하면 자녀는 스트레스를 받아 그 과목을 더 싫어하게 된다. 그 과목만 떠올리면 엄마의 잔소리가 생각나고, 그러면 공부하기 싫어지고 점수는 더 떨어진다.

자녀가 모든 분야에 관심을 가지고 사고력도 고르게 자라면 좋겠지만, 사람마다 잘하는 것이나 좋아하는 것이 다르다. 뇌의 능력이 다르니 과목별로 점수가 다른 것이 당연하다. 무턱대고 점수가 낮은 과목에 대한 공부를 강요하기보다는, 서두르지 말고 자녀와 함께 원인을 생각해서 재미를 붙이게 할 방법을 찾아보자.

3

방학을 알차게
보내는 방법

방학은 이제 엄마들이 바빠질 때다. 학교에서 보내던 시간만큼 알차게 채워 줘야 하고, 부족한 공부도 봐줘야 하며, 다음 학기나 다음 학년의 공부도 미리 봐줘야 한다. 미루고 있었던 운동이나 취미 활동도 시켜 줘야 하고, 공연 관람이나 체험학습장도 알아봐야 한다.

그 가운데 가장 걱정이 되는 것은 역시 공부다. 대부분 앞으로 배울 내용을 선행학습하는 데에 많은 시간을 투자할 것이다. 하지만 선행학습이 모든 학생들에게 도움이 되는 것은 아니다. 공부는 기초 없이는 안 된다. 앞으로 잘하면 된다는 것이 통하지 않는다. 지난 학습이 기반이 되어야 앞으로 나아간다. 기반이 제대로 잡히지 않은 상태에서 만족할 만한 성적을 올릴 수 없다.

그렇다고 주야장천 복습만 하라는 것은 아니다. 지난 학기 또는 학년을 한 번 훑어보면서 부족한 부분은 없는지, 이해 못하고 지나간 곳은 없는지 보수공사를 하라는 것이다. 그런 후에 앞으로 배울 내용을 선행학습 한다면 훨씬 효과적으로 공부할 수 있을 것이다.

상위권인 학생들은 주요 과목을 중심으로 선행학습을 하는 게 좋고, 중하위권 학생들은 주요 과목의 기본을 다시 다지고 학습량을 늘리는 습관을 들이는 것이 좋다. 특히 6학년은 슬슬 중학교를 준비해야 할 때다. 늘어날 공부 양에 대비해 방학 동안 공부 습관을 확실히 해두어야 한다.

또 방학에는 현장 학습이나 캠프 등에 참여해 학기 중에 하지 못한 호기심을 충족시키고 활동량을 증가시킬 필요가 있다. 학습뿐만 아니라 아이의 체력이나 호기심, 리더십 등 부족한 자질에 대해서도 신경 써야 한다는 말이다. 가정에서 부모가 하기에 한계가 있다면 캠프를 통해 팁을 얻는 것도 도움이 된다. 방학 때 자치단체나 대학, 학습 단체를 비롯해 여러 곳에서 캠프를 개최한다. 어학 캠프가 가장 보편적이지만 체력 캠프, 유적지 탐방 캠프, 만들기 특강, 리더십 캠프 등 프로그램이 다양하므로 자녀가 여러 가지를 경험할 수 있는 좋은 기회가 될 것이다.

○ 방학 중 시간 계획 세우기

방학이 되면 부모들은 반대로 '개학'이다. 학교에 다니던 스케줄을 가정에서 어떻게 소화할지 고민하고 실행하느라 더욱 바빠지기 때문이다. 방학으로 늘어난 자유 시간을 어떻게 보내느냐에 따라 성적도 좌우되므로 대부분의 부모는 일단 아이를 학원으로 내몬다. 부족한 공부를 학원에서 보충하는 게 나쁜 것은 아니지만, 자칫 스스로 공부하는 습관이 무너질 수도 있고, 괜히 학원을 오가면서 시간 낭비를 할 수도 있으니 부모의 관심이 오히려 더 필요하다.

무엇보다 여름방학이 공부하기 힘든 이유는 날씨 때문이다. 더운 날씨 때문에 집중력도 떨어지고 휴가 때문에 들떠 있는 경우도 많다.

여름방학 때, 기온이 높은 한낮과 열대야가 있는 밤은 능률적이지 않다. 그것보다는 오전 시간을 잘 활용하는 것이 좋다. 계획표를 만들어 실천해 나가야 하는 것은 학기 중과 똑같다. 단, 방학 계획표를 짤 때 가족 여행이나 가족 행사 등 공부할 수 없는 날을 미리 체크하도록 한다. 그런 날들은 아예 하루 종일 놀게 하는 것이 더 낫다. 무리하게 계획을 세워 실행하지도 못하고, 보충하느라 나중에 애쓰는 것보다는 하루쯤 쉬어 가는 것도 괜찮다.

보통 학부모 상담은 학년 초에 하는데, 학년 말에도 선생님을 찾아가 상담하는 것이 좋다. 학년 초에는 담임도 내 아이에 대해 파악하지 못하지만, 1년 동안 지켜본 후에는 내 아이에게 문제점은 없는지, 부족한 점은 없는지에 대해 정확히 말해줄 수 있기 때문이다. 그 말을 기반으로 아이의 부족한 점과 잘못된 습관을 방학 동안 보충하고 바꿔 보도록 한다.

겨울 방학은 낮이 짧고 밤이 길다. 이불 속에서 뒹굴다 느지막이 일어나 오전 시간을 허비하기 십상이다. 하지만 학기 중의 기상 습관과 식사 습관은 방학 기간에도 비슷해야 하고, 계획표의 하루 목표량 가운데 반 이상을 점심시간 전에 마치는 목표를 세워야 한다. 아침에 일어나 비몽사몽하며 무엇을 공부할지 허둥대지 않도록 아예 전날 잠들기 전에 내일 아침식사 후 공부할 부분을 준비하는 것도 방법이다.

겨울방학이 중요한 이유는 겨울방학을 어떻게 보내느냐에 따라 새 학년의 등수가 바뀌기 때문이다. 하물며 초등학교 마지막 방학인 6학년 겨울방학의 중요성은 말하지 않아도 익히 들어 알고 있을 것이다. 초등학교 과정을 제대로 이해했는지를 살펴봐야 하고 중학교 과정에는 무엇이 있는지도 어느 정도 신경 써야 할 때다.

우선 중학교 국어는 초등학교 국어에 비해 지문이 길어지고 내용이 어려워진다. 중학교 국어에서 성적을 판가름하는 것은 독해력이다. 따라서 겨울방학 동안 꾸준히 독서를 하는 것이 좋다. 폭넓은 독서로 사고력을 기르고, 책을 읽다가 모르는 단어가 나오면 사전을 찾아보며 어휘력을 기르도록 하자.

수학은 아마 대부분의 아이들이 선행학습을 하고 있을 것이다. 그런데 초등학교 때 배운 사칙연산과 분수 등은 중학교 과정에도 있으므로 기초 실력이 더 중요하다. 초등학교 수학은 중·고등학교 수학의 기초가 되는 것들이다. 앞에서도 말했듯이, 기초 없이 그 다음 단계로 넘어갈 수 없다. 다른 아이들이 선행학습을 한다고 해서 불안한 마음에 자녀를 학원으로 몰지 말고 초등학교 6년 과정을 제대로 이해하고 있는지, 부족한 점은 무엇인지 살펴보도록 하자.

영어는 지문이 중심이 되기 때문에 어휘력이 중요하다. 꾸준히 단어를 외워야 하는 것은 물론이고, 서서히 문법에도 신경 써야 한다. 중학교 1학년 때는 문장 구조가 크게 복잡하지 않으므로 문법을 잘 몰라도 문장을 이해하는 데는 크게 어려움을 느끼지 않지만, 학년이 올라갈수록 문장 구조가 복잡해지고 지문이 길어진다. 쉬운 문법책으로 공부를 해두는 것도 중학교 영어를 배우는 데 도움이 될 것이다. 만약 문법 공부가 힘들다고 한다면 단어라도 꾸준히 외우게 하자.

⬤ 방학 중 체험 학습 계획 세우기

방학은 체험 학습을 하기에 적당한 시기다. 아이들은 방학을 활용해 보다 넓은 세상을 경험할 수 있다. 다양한 체험 활동을 통해 새로운 세계를 알게 되고 평소에 눈여겨보지 않았던 것들의 의미도 깨닫게 된다.

하지만 체험 학습도 준비와 마무리를 잘하지 않으면 얻는 것이 없는 그저 그런 나들이가 되고 만다.

체험 학습은 아이들만 준비하는 것이 아니다. 프로그램을 알아봐 주고 입장권을 예매해 주면, 아이들이 알아서 체험하면서 모든 것을 깨닫는다고 생각하면 안 된다. 대부분 아이들은 처음에 호기심을 가지고 적극적으로 참여하다가도 흥미가 떨어지면 금세 지루해한다. 당연히 주위가 산만해지고 무엇을 체험하러 온 것인지 잊어버린다.

물론 인솔하는 선생님이 있는 경우는 조금 덜하겠지만 그렇지 않은 경우는 부모가 자녀의 체험 학습을 주도해야 한다. 따라서 체험 학습을 가기 전에, 부모가 먼저 공부해서 자녀에게 설명해주고 자녀의 질문에도 대답해줘야 한다.

예를 들어 강원도 영월의 청령포를 가면 대부분의 아이들은 배 타는 것 외에는 별다른 생각이 없다. 그곳이 단종의 유배지였다는 사실을 시작으로, 단종과 그의 삼촌인 수양대군, 세조 그리고 그 시대의 이야기를 해준다면 아이들은 분명히 흥미로워할 것이고 역사 공부에도 도움이 된다.

> 미술가 혹은 전시품에 대한
> 이야기나 음악회에 대한 상식을
> 미리 공부해 자녀에게 말해 주면
> 아이 역시 끝까지
> 흥미를 놓지 않는다.

또한 미술관에 가거나 음악회에 간다고 할 때 오로지 갔다는 것에 의의를 둘 것이 아니라, 미술가 혹은 전시품에 대한 이야기나 음악회에 대한 상식을 미리 공부해서 자녀에게 말해 주면 아이 역시 끝까지 흥미를 놓지 않는다. 지금 당장은 잘 표시가 나지 않더라도 나중에 수업 시간이나 책을 보다가 기억을 떠올리며 더욱 흥미를 가지게 될 것이다.

부모들은 반드시 교과서에 체험 학습을 끼워 맞추려 하는데, 억지로 그럴 필요는 없다. 때로는 몸으로 놀고 느끼는 것도 학습이 된다. 특히 들이나 산, 강에서 할 수 있는 채집은 놀이도 되고 자연스레 자연 관찰 학습도 되는 일석이조의 성격을 가지고 있다. 그러니 물놀이나 곤충잡이 도구는 늘 가지고 다니도록 하자.

미리 인터넷에서 체험지의 이용 시간과 휴관일, 체험 활동 프로그램을 알아보면 좋다. 추가로 예약과 입장료 할인 등의 정보를 받을 수 있다.

체험 학습 프로그램은 일회성일 때도 있지만 반응이 좋으면 매해 되풀이된다. 지나간 체험 학습이라도 프로그램이 괜찮다면 이듬해 참여해 보도록 하자.

그리고 체험 학습을 다녀오면 반드시 정리해서 기록에 남기도록 한다. 글로 정리하는 것이 어렵다면 다녀오는 길에 체험지에 대한 이야기를 나누는 정도라도 반드시 하도록 하자.

보고서 작성요령

1. 체험 학습 장소를 방문한 날짜와 시간을 기록한다.

2. 다녀온 체험 학습 장소를 기록한다.

3. 같이 간 선생님이나 부모님, 친구들 이름을 기록한다.

4. 체험 학습의 주제를 기록한다.

5. 체험 학습에 가서 보고 들은 내용을 기록한다.

6. 새로 알게 된 사실을 기록한다.

7. 다녀와서 재미있었거나 기억에 남는 점 등 느낀 점을 기록한다.

8. 교과서 내용에서 관련된 단원 부분을 기록한다.

○ 일기와 방학 숙제 지도하기

방학 숙제 가운데 날마다 해야 할 것이 있는데, 바로 일기다. 아마 부모 세대 가운데도 일기 숙제 때문에 곤혹을 느낀 사람이 있을 것이다. 하루에 잠깐씩 시간을 내면 될 것을 하루이틀 미루다 결국 손을 쓸 수 없을 정도로 밀리게 된다.

방학 동안 밀린 공부를 하거나 선행학습을 할 계획만 세우지 말고 방학 숙제 하는 시간을 정해 두도록 하자. 방학 숙제를 미루는 아이들의 공통점은 방학 내내 숙제를 펼쳐 보지 않는다는 것이다. 방학 숙제를 밀리지 않으려면 자주 들여다봐야 한다. 매일 한두 시간, 보통 저녁 식사 후 7~9시가 적당하다. 그렇게 책상에 앉아 있는 버릇을 들이면 개학 후에는 그 시간을 보충 공부하는 시간으로 활용할 수도 있다.

> 방학 숙제를 미루는 아이들의 공통점은 방학 내내 숙제를 펼쳐 보지 않는다는 것이다. 방학 숙제를 밀리지 않으려면 자주 들여다봐야 한다.

특히 방학 숙제에서 빠지지 않는 일기, 독후감, 가족 신문 만들기 등은 자녀 혼자 해도 좋지만, 가족이 함께 아이디어를 내는 것도 재미있다. 가족과 이야기를 통해 소통을 하고 실력을 쌓을 수 있으며 꽤 괜찮은 방학 과제를 만들 수도 있다.

학교 숙제는 부모의 숙제라는 말이 있다. 사실 자녀가 하기에는 벅찬 내용도 있지만 우선은 자녀가 하는 것이 순서이다. 특히 자녀에게 공부만 하라고 하고 부모가 숙제를 대신 해주는 경우가 있다. 이렇게 자녀가 충분히 할 수 있는 것까지 부모가 나선다면 자녀는 숙제를 하면서 느끼거나 배울 수 있는 것들을 놓치게 된다. 또 자녀가 '어려운 것은 부모가 다 해준다' 고 생각하게 만드므로 좋은 학습 습관을 익히는 데 도움이 되지 못한다.

일기

일기는 매일매일 써야 하는데, 할 이야기가 많은 것도 아니고 같은 내용을 반복해서 쓰자니 지루할 것이다. 하지만 일기의 소재는 사건이나 사고가 전부가 아니다. 부모와 나눈 이야기를 주제로 자신의 생각을 쓸 수도 있고 신문이나 텔레비전 뉴스 또는 책을 읽은 소감도 훌륭한 일기의 소재가 될 수 있다. 독서 일기, 관찰 일기, 만화 일기 등 다양한 형태의 일기를 쓰게 해보자. 그리고 일기장의 한 페이지를 가득 채울 필요는 없다. 자녀가 일기 쓰는 것을 힘들어 한다면 짧은 메모부터 시작해 조금씩 문장을 늘려 가는 것이 좋다.

독후감

독후감은 자칫 자녀가 책읽기 자체를 거부하는 이유가 될 수 있다. 무조건 책을 읽으면 독후감을 써야 한다고 강요할 것이 아니라, 아이에게 독후감이 왜 필요한지 대화로 이끄는 것이 좋다. 가장 좋은 방법은 부모가 직접 독후감을 써서 아이에게 보여 주고 책을 읽고 느낀 점을 얘기하는 것이다.

독후감 역시 형식에 구애받지 않는 것이 좋다. 글로 쓰는 것에서 벗어나 만화로 표현해 보고, 그림을 그려 보는 것도 좋다. 책의 중심 사건을 큰 스케치북에 그리고, 공간을 비워 그곳에 쓰는 것이다. 책의 주인공이 되어 써보거나 주인공에게 보내는 편지글 형식도 좋은 방법이다.

체험 학습 보고서

체험 학습 보고서는 지식이나 정보보다는 말 그대로 느끼고 체험한 것을 적는 것이 좋다. 체험한 날짜, 장소, 체험 활동과 관련된 과목(단원), 체험 학습을 떠나기 전과 후를 비교해 새로 알게 된 점 등을 기록하고 사진이나 그림을 첨부하도록 한다.

체험 학습 현장을 지도로 만들어 이동 경로를 따라 사진이나 설명을 추가하면 독특한 나만의 보고서가 될 수 있다. 또는 역사 관련 유적지를 다녀왔다면 인물의 연대기를 만들어도 좋다.

4

초등학생 시간 관리

⭕ 하고 싶은 일과 해야 할 일을 구분하자

대부분 아이들은 하고 싶은 것과 해야 할 일 사이에서 갈피를 못잡고 갈팡질팡한다. 놀기도 해야 하는데, 학교 숙제도 해야 하고 학원도 가야 하니 마음이 급해서 늘 붕 떠 있고 한눈을 팔게 된다. 학교에서든, 학원에서든, 집에서든 집중을 하지 않는다. 무엇을 하더라도 성의 없이 대충대충이다.

이런 경우 부모가 개입해서 아이가 해야 할 일과 하고 싶은 일을 정리해 주어야 한다. 학원을 너무 많이 다니면 적당한 선에서 정리해야 한다. 정해진 시간에 과제를 마치는 훈련을 하면서 시간에 쫓기지 않는 차분한 아이로 만들기 위해서다.

> 부모가 개입해서 아이가 해야 할 일과 하고 싶은 일을 정리해 주어야 한다.

그러려면 자녀 스스로 해야 할 일이 무엇인지 알고, 계획을 잘 세워야 한다. 물론 저학년일수록 그리고 계획표에 익숙하지 않은 아이일수록 하고 싶은 일과 해야 할 일에 대한 구분이 명확하지 않다. 처음에는 부모가 함께 도와주도록 하자. 아침 식사를 하면서 오늘 해야 할 일을 자녀와 함께 이야기 나누고 메모하도록 한다.

"친구랑 수업 후에 게임하기로 약속했어요. 그리고 내일 영어 학원에서 평가 시험 본다고 해요. 아, 과학 준비물 때문에 문방구에도 다녀와야 하고, 축구 경기 중계하는 것도 보고 싶어요."

이야기를 하면서 자녀는 하고 싶은 일과 해야 할 일을 구분할 수 있게 될 것이다. 그리고 이것이 하루 생활 계획의 시작이 된다. 이 아이는 평가 시험에 대한 준비를 해야 하며, 문방구를 다녀와야 한다. 친구와의 게임은 하고 싶은 일이니 해야 할 일을 마치면 할 수 있을 것이다. 축구 경기 중계를 보기 위해 평가 시험 준비를 더 집중해서 할 수도 있을 것이다.

시간을 관리하는 능력은 자신의 생각을 관리하는 힘이 된다. 해야 할 일과 하고 싶은 일을 잘 구분해야 시간을 잘 활용할 수 있으며 하루를 알차게 보낼 수 있다. 그리고 시간 관리 능력은 스스로 욕구를 조절하는 힘이 되고, 그 힘이 공부에 대한 집중력을 만들어 준다. 자연스럽게 자기주도형 아이로 성장하는 것이다.

○ 핵심은 '매일매일'에 있다

아이가 어떤 학습 태도를 가지고 있는지, 어떤 학습 습관을 들였는지에 따라 성적도 미래도 달라진다.

일단 중학교에 올라가면 성적 차이가 확실히 드러난다. 초등학교 때 별로 두각을 나타내지 않았더라도 꾸준히 자기주도학습법을 익힌 아이가 치고 올라오기도 한다. 게다가 학년이 올라갈수록 싫어하는 과목이나 포기하는 과목이 늘어나니 고등학교에 가면 아이들 사이의 성적 차이는 더욱 두드러지게 된다.

스스로 공부하는 습관을 들인 학생들은 달라진 환경이나 학습 내용에도 금방 적응할 수 있는 자세가 되어 있다. 그렇지 않은 학생들은 부모가 또는 선생님이 옆에서 도와주기만을 기다리다가, 그 손길이 닿지 않으면 그 자리에서 포기한다.

자기주도학습법이라고 해서 특별한 것도 아니고 어려운 것도 아니다. 앞에서 줄곧 이야기해 왔듯이 계획을 세워 공부하고, 능동적인 공부 습관으로 바꾸기 위해 자녀 스스로 자신의 공부 습관을 확인하고, 규칙적으로 공부하는 것이다. 어떤 학습법이든 공통적인 것은 매일매일 일정량을 학습한다는 것이다.

> 어떤 학습법이든 공통적인 것은 매일매일 일정량을 학습한다는 것이다.

공부 습관은 하루아침에 만들어지지 않는다. 마음먹은 대로 되지도 않는다. 시간이 걸리고 시행착오를 거치기도 한다. 하지만 몸이 자연스럽게 공부에 몰입할 수 있도록 하루도 거르지 말아야 한다. 매일매일

30분 혹은 그 이상 책상에 앉아 있게 하려면 역시 일정한 공부 양을 정하는 것이 최고의 방법이다. 자녀에게 "30분만 공부해"라고 한다면 그만큼 부담스러운 일도 없다. 30분이라는 시간 자체 때문이 아니라, 도대체 무엇을 하며 30분을 보내야 할지 모르기 때문이다.

사실 매일 일정한 시간 동안 일정량을 공부한다는 건 보통 일이 아니다. 그래도 작심삼일이 될지언정 포기는 하지 말자. 작심삼일이 10번이면 한 달이다.

중국 속담에 '불파만 지파참(不怕慢 只怕站)'이라는 말이 있다. 느린 것을 걱정하지 말고 멈추는 것을 걱정하라는 뜻이다. 자기주도학습자가 되기 위한 공부 습관을 들이는 데 이보다 더 좋은 말은 없을 것이다.

○ 일의 우선순위 정하기

시간을 어떻게 해야 잘 사용할 수 있을지에 대해서는 자녀는 물론이고 부모들도 고민이 많을 것이다. 베들레헴 강철 회사로 유명한 찰스 슈압 가(家)에서 이 문제를 경영 컨설턴트에게 의뢰한 적이 있었다. 경영 컨설턴트는 방법을 처방해 주고 찰스 슈압 가로부터 2만 5000달러의 거액을 받았다. 컨설턴트가 제시한 방법은 바로 자신이 해야 할 일(to do list)들의 우선순위를 세우고 실천하는 것이었다.

우선순위를 정하는 것은 무엇을 포기할 것인지 결정한다는 뜻이다. 이것도 중요하고 저것도 중요하다는 식의 우유부단함이 아니라 결단력 있고 용기 있게 포기하는 것이다. 물론 그 포기는 타당한 이유와 목표가 있을 때 가능하다.

모든 일에는 순서가 있다. 공부든 생활에서든 우선순위를 정하지 않으면 중요한 일을 못 하는 경우가 생긴다. 이것은 단순히 학습을 위한 것이 아니라 실행력 있는 어른이 되기 위한 훈련이기도 하다. 어릴 때부터 확실하게 일의 순서를 잡는 훈련이 된 아이는 사회에서도 맡은 일을 잘할 확률이 높다. 습관을 통해 일의 순서를 정하는 자신만의 방법이 몸에 배어 있기 때문이다.

일의 순서는 매일 아침이나 전날 저녁에 정하도록 한다. 그날 해야 할 일을 열거해 보며, 해야 할 일과 하고 싶은 일을 모두 적도록 한다. 그런 다음에 할 수 있을지, 중요도가 어느 정도인지 생각하도록 한다.

해야 할 일이나 하고 싶은 일을, 급하고 중요한 일, 급하지만 중요하지 않은 일, 급하지는 않지만 중요한 일, 급하지도 않고 중요하지도 않은 일, 4단계로 나눈다.

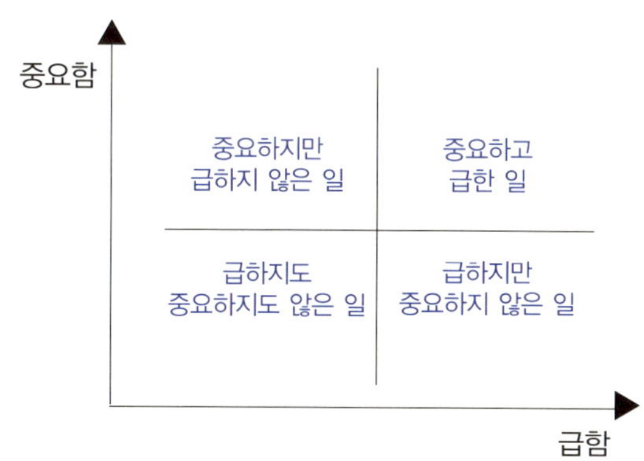

각 항목에 여러 개가 겹치면 그 가운데에서도 중요하고 급한 순서를 다시 정한 다음에 순서대로 일을 진행하도록 한다. 그러면 자녀가 조급함도 덜하고 차분하게 효율적으로 일을 처리해 나갈 수 있을 것이다.

물론 자녀가 생각하는 것과 부모가 생각하는 것이 다를 수도 있다. 그래도 자녀가 기준으로 정한 중요한 일에 함부로 간섭하지는 말자. 스스로 결정한 것은 스스로 책임지는 법도 배워야 한다. 경험만큼 좋은 스승은 없다. 실수도 하고 실패도 하겠지만 우선순위 시간 관리를 몸에 익히는 동안 자녀는 시간을 누구보다 풍족하게 활용할 수 있게 될 것이다.

○ 자투리 시간 활용하는 법

아이들에게 주어진 하루의 시간은 같다. 그럼에도 어떤 아이는 문제집을 한 달 만에 끝내는가 하면, 어떤 아이는 한 학기가 지나도록 문제집 한 권 푸는 것을 힘들어 한다. 단순히 공부를 하느냐 아니냐의 문제가 아니다. 특별히 놀기만 하거나 다른 취미 생활이 있는 것도 아닌데 시간에 쫓긴다면, 시간 활용 방법에 문제가 있는 것이다. 특히 자투리 시간을 제대로 활용하지 못하면 더욱 시간이 모자랄 것이다. 자투리 시간은 일종의 보너스 시간이다. 잘만 활용한다면 하루 24시간 외에 또 다른 시간이 새로 생겨나는 효과가 있다.

학습 계획을 세우는 이유도 주어진 시간을 최대한 계획적으로 사용해 버려지는 시간을 최소화하기 위해서다. 시간 관리를 잘한다는 것은 단순히 공부할 시간을 버는 것이 아니다. 낭비하는 시간, 나도 모르게 버려지는 시간을 잘 챙기는 것을 말한다. 그렇기 때문에 적합한 학습 계획을 세우고 수정하면서 학습자가 자신에게 맞는 시간 관리를 해야만 한다. 그 가운데 하나가 바로 자투리 시간 관리다.

자투리 시간은 수업 중간의 쉬는 시간, 아침에 등교해서 1교시 수업 시작하기 전, 혹은 집에서 학원 가기 전, 화장실을 이용하는 시간 등 틈새 시간을 말한다. 겨우 5~10분에 지나지 않은 시간이지만, 그 시간이 모이면 1시간이 되고 하루가 된다.

학교에서 수업이 시작하기 전에 예습이나 복습을 한다든지, 화장실에서 단어를 외운다든지, 학원 가기 전에 책을 읽는다든지, 아침 식사를 하기 전에 좋은 책을 한 쪽씩 베껴 쓰기를 하는 것이다. 특히 베껴 쓰기는 문장과 문체를 자연스럽게 배우고, 맞춤법과 띄어쓰기를 익히는 데 도움이 된다. 되도록 스토리와 구성이 탄탄하고 문체가 좋은 작가의 글을 베껴 쓰는 것이 좋다.

자투리 시간은 말 그대로 자투리이므로, 짧은 시간에 완전한 무언가를 바라는 것은 부모의 욕심이다. 영어 단어 외우기나 한자 외우기 같은 암기가 가장 적당하다. 책을 읽거나 수학 문제를 풀더라도 한두 문제면 족하다. 천 조각들이 모여 조각보가 되듯, 자투리 시간을 모아 공부할 새로운 시간을 만드는 것이다.

○ 학년별 로드맵

요즘 초등학생들을 부모 세대와 비교하면 안타까운 마음이 든다. 친구와 실컷 뛰어 놀며 어울려야 할 때, 나들이조차 체험 학습을 빙자해 공부해야 하니 말이다.

그래도 안타까워만 할 일은 아닌 듯하다. 아이들은 아이들 나름의 방식이 있을 테니, 부모 입장에서는 되도록 자녀가 즐겁게 학습에 임하도록 도와주어야 할 것이다.

차라리 지금 힘든 것이 낫다. 아무 준비도 안 된 상태에서 중학교, 고등학교에 가서 무언가를 하려고 한다면 지금보다 배는 힘들 것이다. 초등학생들이 바쁘다고 하지만 고등학생에 비하면 여유로운 편이다. 일찌감치 자신이 원하는 대학을 정하고 그에 맞게 로드맵을 그려 계획성 있게 공부하도록 도와주자. 그렇지 않으면 현재의 입시 제도에서는, 수시 모집을 포기하고 정시 모집에 의존할 수밖에 없게 된다.

대학 입시 제도를 살펴보면, 크게 수시 모집과 정시 모집으로 나뉜다. 간단히 말해 수시 모집은 고등학교 생활을 하면서 받은 내신 점수로 대학에 지원하는 것이고, 정시 모집은 수능 시험을 봐서 얻은 점수로 대학에 지원하는 것이다. 수시 모집은 6회 지원할 수 있지만, 정시 모집은 가·나·다군에서 각 1회씩 3회만 지원할 수 있다. 경쟁률도 수시 모집보다는 정시 모집이 더 높다. 수시를 준비하는 데 많은 시간이 필요하지만, 미리 준비한다면 다른 학생들보다 우위에 설 수 있다.

흔히 '영어가 인생을 결정하고 수학이 대학을 결정한다'고 한다. 학교에서 배우는 과목 가운데 중요하지 않은 과목은 없겠지만, 명문대에 입학하기 위해선 수학을 놓으면 안 된다.

대학에서는 원점수가 아닌 표준 점수로 상대적인 점수를 등급화한다. 이때 점수 차가 가장 크게 나타나는 과목이 수리 영역이다. 전체 응시자들의 수리 영역 평균 성적이 낮기 때문에 수리 영역을 표준점수로 변환하는 것 자체가 가중치를 지니게 되는 것이다.

수학은 하루아침에 점수가 오르는 과목이 아니다. 그러나 잠시라도 손을 놓으면 금방 티가 나는 과목이다. 잘하는 아이는 아주 잘하고 못하는 아이는 포기하게 된다.

지금 자녀의 수학 점수가 엉망이라고 해서 기죽을 필요는 없다. 오히려 지금 안 것이 다행이다. 아직은 반복학습을 통해 충분히 보충할 수 있는 단계이기 때문이다.

우선 방학을 이용해 지난 학년의 과정을 복습하도록 한다. 특히 6학년은 중학교에 입학하기 전에 반드시 초등학교 4~6학년 수학 교과과정을 모두 이해하도록 한다. 그런 후에 자녀의 능력에 맞게 로드맵을 세우는 것이 좋다.

한편 명문대들은 영어 공인 성적을 요구하는 경우가 많다. TEPS 같은 경우 적어도 850점을 넘어야 한다. 그러기 위해서는 초등학교 6학년 때부터 어휘, 문법, 독해, 듣기 능력을 키워야 한다. 초등학교 영어교육은 흥미와 회화 위주이지만 중학교 때부터는 시험을 대비하는 성격이 강하다. 최근 공인 영어 시험은 문법보다는 듣기·말하기·읽기·쓰기 4가지 영역의 균형 있는 발달을 요구한다. 초등학교 고학년에서 중학교로 넘어갈 때라면 학교 시험, 인증 시험, 수능 시험 등 시험에 대비한 영어 공부를 시켜야 한다. 적어도 6학년 2학기에는 중학교 영어 공부에 대비해야 한다. 문법이 차지하는 비율이 낮아졌다고는 하지만, 말하기·듣기 실력이 뛰어나도 문법이 정리되어 있지 않으면 내신에 걸림돌이 될 수 있다. 방학을 이용해 중학교 영문법을 공부하도록 한다.

그리고 공인 영어 시험은 영어 지문을 한글로 번역해도 이해하기 어려울 만큼 내용에 깊이가 있기 때문에 영어 공부 이전에 독서 이해력도 따라야 한다.

4학년

4학년 영어는 일상생활에서 쓰는 간단한 대화나 짧은 설명을 듣고 말할 수 있을 정도면 충분하다. 영어로 더빙된 애니메이션이나 TV 프로그램을 통해 학습보다는 놀이의 느낌으로 영어를 즐겁게 익히도록 도와주자.

수학은 큰 자릿수를 익히고 덧셈, 뺄셈에 이어 곱셈과 나눗셈까지 연산의 범위가 확대되니 확실히 익혀 두어야 한다. 또한 도형의 개념도 알아 두어야 한다.

5학년

5학년 영어는 문장 중심으로 학습하므로 어휘력에 신경 써야 한다. 하루에 단어를 10개 이상 외우도록 하며 부모가 확인하도록 하자.

수학에는 새로운 개념이 등장한다. 최대공약수, 최소공배수, 통분, 약분 등 용어도 어려운 데다 연산도 복잡해진다. 문제를 많이 풀어 연산 능력과 이해 능력을 키우도록 한다.

6학년

6학년은 예비 중학생이다. 이제 점점 개인 시간이 줄어들 것이므로, 시간 활용을 잘하는 법을 익히는 한편 책도 많이 읽고 문화 체험도 많이 해두는 것이 좋다.

미리 중학교 영어에 대비해 문법을 공부해 두는 것도 좋다. 읽기·쓰기·듣기는 더욱 중요해지므로 영어 일기를 쓰거나 편지를 쓰면서 실력을 키워 나간다.

특히 수학은 도형에 대한 부분이 어려워지며, 비례식 단원에서 헤매는 아이들이 많이 생긴다. 생활 속에서 비례의 개념을 확실하게 정리하도록 한다.

국어 공부를 할 때는 추론을 염두에 두자. 책 제목에 주목하거나 등장인물의 심정을 헤아려 보게 하는 문제 유형이 등장한다. 글의 첫 문단을 주의해서 읽게 하고, 논리적 모순이 있는지 찾게 하는 훈련이 도움이 된다.

4학년
교과서
따라잡기

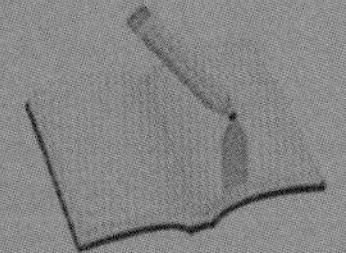

수학은 4학년이 되면 수준이 급상승한다. 이 시기에 수학이 어려워져 학습에 흥미를 잃는 경우가 많다. 내 아이가 '수포자(수학을 포기한 자)'가 되지 않도록 부모의 세심한 관심이 필요하다.

1

국어
(듣기 · 말하기 · 쓰기/읽기)

● 단원별 학습 포인트

4학년이 되면 국어의 지문 종류가 다양해진다. 그러므로 각 단원에서 제시하는 학습 목표를 익히고, 각 장르의 특성을 잘 이해해야 한다.

'듣기'에서는 글을 읽고 주제를 파악하며 글에 제목을 붙이는 학습과, 주제에 알맞은 내용을 말하고 자신의 의견을 타당한 이유를 들어 말하는 학습을 한다. 평소에 신문이나 잡지 등의 글 가운데 주제에 알맞은 내용을 정하고, 그 내용을 어떤 순서로 제시할 것인지 미리 정한 후 말하는 습관을 가지도록 한다.

> 상상력과 표현력을 높이기 위해서는 글 속에서 궁금증을 찾아 스스로 질문해 보는 노력이 필요하다.

그리고 상상력과 표현력을 높이기 위해서는 글 속에서 궁금증을 찾아 스스로 질문해 보는 노력이 필요하다. 예를 들면 "왜 글 제목을 이렇게 정했을까" "주인공이 이야기와 다르게 행동하면 어떨까?" 하고 생각해 보는 습관을 들이는 것이다.

특히 '듣기' 가운데 이야기 차례는 반드시 익히도록 한다. 이야기 차례는 장소의 변화나 시간의 흐름에 따라 이루어진다. 이야기를 들으면서 장소나 시간을 나타내는 말에 주의해 차례를 이해하도록 한다.

그리고 새로 나오는 낱말의 뜻을 알기 위해서 이야기의 앞뒤 내용을 연결해 짐작해 보도록 하고, 모르는 낱말이나 구절은 국어사전을 찾아 알아보도록 한다. '쓰기' 또한 지금까지 사건의 원인과 결과에 초점을 두었다면, 이제 시간의 흐름이나 장소의 바뀜에 따라 말하는 공부가 필요하다.

4학년 1학기	
❶ 생생한 느낌 그대로	**듣기 · 말하기 · 쓰기** 이야기를 듣고 이야기 속 인물과 나를 관련지어 말해 보고 기억에 남는 장면과 느낌을 말해 본다. 독서 감상문 쓰는 방법을 알고 직접 작성해 본다. **읽기** 시를 낭송해 보고, 인물의 성격을 살려 이야기를 읽어 본다.
❷ 정보를 찾아서	**듣기 · 말하기 · 쓰기** 설명하는 말을 듣고 중요한 내용을 정리해 본다. **읽기** 사전의 종류에 대해 알아보고 사전을 활용해 필요한 내용을 찾아 정리한다.

❸ 이 생각 저 생각	**듣기 · 말하기 · 쓰기** 토의 절차에 따라 토의하는 방법을 알아본다. **읽기** 의견을 비교하며 글을 읽어 보는 학습을 한다.
❹ 이 말이 어울려요	**듣기 · 말하기 · 쓰기** 편지의 짜임과 작성법에 대해 알아본다. **읽기** 예사말과 높임말의 차이를 학습한다.
❺ 알아보고 떠나요	**듣기 · 말하기 · 쓰기** 표준어와 방언에 대해 알아보고 알맞게 사용하는 법을 익힌다. **읽기** 필요한 정보를 찾아 내용을 정리하는 방법을 학습한다.
❻ 의견을 나누어요	**듣기 · 말하기 · 쓰기** 제안하는 글을 작성해 보고, 문장 성분에 대해 알아본다. **읽기** 글에서 의견이 적절히 표현되었는지 생각하며 읽는다.
❼ 넓은 세상 많은 이야기	**듣기 · 말하기 · 쓰기** 글과 그림을 넣어 그림책을 만들어 본다. **읽기** 기행문을 읽고 내용을 정리해 본다.
❽ 같은 말이라도	**듣기 · 말하기 · 쓰기** 줄거리, 주요 인물의 말과 행동을 생각하며 이야기를 듣고 주제를 파악한다. **읽기** 시의 분위기와 이야기의 구성 요소를 생각하며 읽는다.

4학년 2학기

❶ 감동이 머무는 곳	**듣기 · 말하기 · 쓰기** 줄거리, 주요 인물의 말과 행동을 생각하며 이야기를 듣고 주제를 파악한다. **읽기** 시의 분위기와 이야기의 구성 요소를 생각하며 읽는다.

❷ 하나씩 배우며	**듣기·말하기·쓰기** 중요한 내용을 간추려 쓰는 방법에 대해 알아본다. **읽기** 사전이 필요한 이유와 사전을 활용하는 방법에 대해 알아본다.
❸ 서로 다른 의견	**듣기·말하기·쓰기** 절차에 따라 학습 회의를 하면서 적절한 해결 방법을 찾는다. **읽기** 글쓴이의 의견이 나타난 글을 읽고 내 의견을 제시해 본다.
❹ 이럴 때는 이렇게	**듣기·말하기·쓰기** 소개하는 말을 듣고 적절한 몸짓과 알맞은 표정으로 반응한다. **읽기** 글에 나타난 표현이 적절한지 생각하며 글 읽기를 학습한다.
❺ 정보를 모아	**듣기·말하기·쓰기** 듣는 이를 고려하여 내용을 잘 정리해 발표해 본다. **읽기** 여러 종류의 자료에서 얻은 정보를 정리하며 글을 읽는다.
❻ 여러 가지 의견	**듣기·말하기·쓰기** 토의한 내용을 바탕으로 하여 제안하는 글쓰기를 해 본다. **읽기** 의견이 적절한지 판단하며 글을 읽고 토의해 본다.
❼ 삶의 향기	**듣기·말하기·쓰기** 친구들과 함께 시화집을 만들어 전시하고 시 낭송을 해본다. **읽기** 배경을 생각하며 이야기 읽기를 학습한다.

　자녀가 국어 교과서 읽는 것을 지루해한다면 그 이유 가운데 하나가 단어의 뜻을 잘 모르기 때문일 것이다. 외국어만 해석이 필요한 것이 아니다. 국어 역시 단어를 알아야 글의 내용을 잘 이해할 수 있다.

　우리말은 한자의 영향을 많이 받아 한자의 조합으로 이루어진 단어가 많다. 따라서 국어 실력은 한문에서 나온다고 할 정도로 한자 공부가 국어 공부에 큰 도움이 된다.

　아직은 따로 시간을 내어 한자를 공부할 필요는 없다. 영어 단어를 외우듯 단어장을 이용하자. 아이가 쉽게 접하도록 한자와 그에 맞는 그림을 식탁 옆에 붙여 놓는 것도 좋고, 아이 책상에 그날그날 한자를 붙여 놓는 것도 좋다. 이왕이면 교과서를 중심으로 한자도 익히고 교과서 내용도 쉽게 이해할 수 있도록 하자.

　처음에는 사물의 모양을 본떠 만든 상형문자부터 시작한다. 상형문자는 획수가 적고 단순해 한자를 처음 공부하는 학생도 쉽게 익힐 수 있다. 10획 미만의 간단한 한자부터 시작해서 점점 획수를 늘려 간다. 한자의 유래와 부수를 먼저 이해하고 비슷한 모양과 뜻을 구분해 공부하면 쉽게 외워지고 기억에도 오래 남는다.

　초급 한자를 익혔다면 한자자격시험에 도전하는 것도 도움이 된다. 공부를 할 때 목표가 있으면 더욱 성과를 올리기 쉽다. 자녀에게 적당한 급수를 정한 후, 시험 준비용 한자 책을 사서 매일 쓰고 익히도록 하자.

그리고 영어 일기만 쓸 것이 아니라 한자 일기도 쓰도록 하자. 길게 쓸 것도 없다. 아는 단어나 그날 배운 단어를 한자로 쓰는 정도면 된다.

일본과 중국 그리고 우리나라가 한자 문화권이기 때문에 한자를 알면 일본어와 중국어 습득에도 도움이 된다. 물론 나라마다 사용하는 한자의 모양 자체가 다르고 발음이나 단어에 사용하는 한자도 다르지만, 한자를 알면 일본어든 중국어든 처음에 쉽게 다가갈 수 있다.

아이에게 중요한 것은 호기심이다. 일본어 혹은 중국어로 된 제품 사용설명서 등에서 자신이 아는 한자가 나오면, 꽤 자랑스러워한다. 아주 작은 경험이지만, 그것부터 시작해 다른 과목이나 학습에 응용해도 좋을 것이다.

2

수학
(수학/수학 익힘책)

⦿ 단원별 핵심 포인트

수학은 4학년이 되면 수준이 급상승한다. 이 시기에 수학이 어려워져 학습에 흥미를 잃는 경우가 많다. 내 아이가 '수포자(수학을 포기한 자)'가 되지 않도록 부모의 세심한 관심이 필요하다.

이제 한 문제를 풀더라도 기본 원리를 익혀야 한다. 원리를 익힌 후 많은 문제를 여러 번 풀어 풀이 방법을 확실히 익히는 순서로 한다. 틀린 문제는 반드시 풀이 과정을 확인해 실수했거나 이해하지 못한 부분을 꼼꼼하게 체크한다.

3학년까지의 수학이 대부분 단순한 사칙 연산에 관한 것이었다면, 4학년부터는 추상적인 개념이 많이 등장한다. 따라서 정확한 개념을 이해하는 것이 중요하다.

일단 자연수의 사칙연산을 완성해야 한다. 두 자릿수와 세 자릿수의 곱셈 그리고 두 자릿수끼리의 나눗셈을 비롯해 혼합 계산을 익혀야 하며 혼합 계산의 순서와 괄호의 계산 순서도 익혀야 한다.

수의 단위도 13자리 이상의 조 단위까지로 갑자기 커진다. 수의 범위가 커짐에 따라 수를 읽는 방법과 수의 크기를 비교하는 것이 어려울 수 있다. 네 자리씩 끊어 읽는 규칙을 반복적으로 연습하도록 한다.

분수의 종류도 다양해진다. 진분수, 가분수, 대분수 등의 개념을 이해하고 막대나 원에 선을 그어 분수를 만들어 보는 활동도 필요하다.

또 소수 개념이 등장하는데, 자릿수를 잘 맞춰 쓰는 습관을 들이면 5·6학년이 되어서 소수 덧셈, 뺄셈, 곱셈, 나눗셈을 배울 때 실수를 많이 줄일 수 있다.

도형은 지금까지 이름과 간단한 특징만을 배웠는데 이제 각 도형의 성질과 여러 가지 사각형의 성질을 알아야 한다. 도형은 중·고등학교에서도 계속 응용된다. 정확하게 이해하고 재미있게 학습하면 꾸준히 흥미를 갖게 될 것이다. 색종이를 잘라 도형을 만들어 보거나 다양한 모양의 도형 조각을 관찰하고 분류하는 활동을 해보자.

각도에 대해 처음 배우고 각도기를 사용하게 된다. 삼각형의 종류를 구분할 때 필요한 예각, 둔각, 직각을 구분할 수 있도록 하자. 또한 삼각형, 사각형의 내각 크기의 합까지 바로 알고 넘어가도록 한다.

단원	학습 포인트
❶ 큰 수	만, 다섯 자릿수에 대해 알아본다. 십만, 백만, 천만에 대해 알아본다. 억, 십억, 백억, 천억에 대해 알아본다. 조, 십조, 백조, 천조에 대해 알아본다. 큰 수를 뛰어서 세어 본다. 자릿수가 다른 두 수의 크기를 비교해 본다. 자릿수가 같은 두 수의 크기를 비교해 본다.
❷ 곱셈과 나눗셈	몇 백×몇 백, 몇 백×몇 천을 계산해 본다. 세 자릿수×두 자릿수를 계산해 본다. 네 자릿수×두 자릿수를 계산해 보고 세 수의 곱셈에 대해 알아본다. 몇 백 몇 십÷몇 십을 계산해 본다. 두 자릿수÷두 자릿수를 계산해 본다. 세 자릿수÷두 자릿수를 계산해 본다.
❸ 각도	각의 크기를 비교하고 각도를 재본다. 각도가 주어진 각을 그려 본다. 각도를 어림하고 합과 차이를 계산해 본다. 삼각형의 세 각의 크기의 합을 구해 본다. 사각형의 네 각의 크기의 합을 구해 본다.
❹ 삼각형	이등변삼각형에 대해 알아본다. 이등변삼각형의 성질에 대해 알아본다. 정삼각형에 대해 알아본다. 예각, 둔각에 대해 알아본다. 예각 삼각형과 둔각 삼각형에 대해 알아본다.
❺ 혼합 계산	덧셈과 뺄셈이 섞여 있는 식의 계산 순서에 대해 알아본다. 곱셈과 나눗셈이 섞여 있는 식의 계산 순서에 대해 알아본다. ( )가 있는 식의 계산 순서에 대해 알아본다. 덧셈과 뺄셈, 곱셈이 섞여 있는 식의 계산 순서에 대해 알아본다. 덧셈과 뺄셈, 나눗셈이 섞여 있는 식의 계산 순서에 대해 알아본다. 혼합 계산식의 계산 순서에 대해 알아본다.
❻ 분수	분모와 분자에 대해 알아본다. 진분수, 가분수, 대분수에 대해 알아본다. 대분수를 가분수로, 가분수를 대분수로 고쳐 본다. 분모가 같은 분수의 크기를 비교해 본다.

❼ 소수	소수 두 자릿수에 대해 알아본다. 소수 세 자릿수에 대해 알아본다. 소수점에 대해 알아본다. 소수의 크기를 비교해 본다.
❽ 규칙 찾기	규칙을 찾아 수로 나타내 본다. 규칙을 찾아 글로 나타내 본다. 새로운 무늬를 만들어 본다.

4학년 2학기

단원	학습 포인트
❶ 분수의 덧셈과 뺄셈	분모가 같은 진분수의 덧셈에 대해 알아본다. 분모가 같은 대분수의 덧셈에 대해 알아본다. 분모가 같은 진분수의 뺄셈에 대해 알아본다. 분모가 같은 대분수의 뺄셈에 대해 알아본다. 분모가 같은 대분수와 진분수의 덧셈과 뺄셈에 대해 알아본다.
❷ 소수의 덧셈과 뺄셈	소수의 덧셈에 대해 알아본다. 소수의 뺄셈에 대해 알아본다.
❸ 수직과 평행	수직과 수선의 성질에 대해 알아본다. 직각 삼각자와 각도기를 이용해 수선을 그어 본다. 평행선에 대해 알아보고 평행선을 그어 본다. 평행선 사이의 거리를 재본다.
❹ 사각형과 다각형	사다리꼴에 대해 알아본다. 평행사변형에 대해 알아본다. 마름모에 대해 알아본다. 직사각형과 정사각형의 성질에 대해 알아본다. 다각형과 정다각형에 대해 알아본다. 대각선에 대해 알아본다. 여러 가지 모양을 만들고 덮어 본다.
❺ 평면도형의 둘레와 넓이	직사각형과 정사각형의 둘레를 구하는 방법에 대해 알아본다. 단위넓이(cm^2)를 이용하여 도형의 넓이를 비교해 본다. 직사각형과 정사각형의 넓이 구하는 방법에 대해 알아본다. 여러 가지 도형의 넓이 구하는 방법에 대해 알아본다.

❻ 수의 범위와 어림	이상과 이하에 대해 알아본다. 초과와 미만에 대해 알아본다. 수의 범위에 대해 알아본다. 올림과 버림에 대해 알아본다. 반올림에 대해 알아본다. 어림 활용하는 방법에 대해 알아본다.
❼ 꺾은 선 그래프	꺾은 선 그래프에 대해 알아본다. 꺾은 선 그래프를 그려 본다. 물결선을 사용한 꺾은 선 그래프에 대해 알아본다. 알맞은 그래프로 나타내 본다. 꺾은 선 그래프를 활용해 본다.
❽ 규칙 찾기와 문제 해결	두 수 사이의 관계를 알고 식으로 나타내 본다. 문제를 해결하고 풀이 과정을 설명해 본다.

○ 수를 직접 체험해 보자

수학 공부에 흥미를 갖도록 수학 또는 수학자에 관련된 이야기를 들려주자. 수학에 관한 책들도 많이 나와 있으므로 자녀와 함께 서점이나 도서관 나들이를 해보는 것도 자녀의 수학 공부에 도움이 될 것이다.

1. 수의 단위

4학년 수학에는 익숙하지 않은 억, 조와 같은 큰 수 단위가 나온다. 수학 교과서에서 보면 어색할지 모르지만, 우리나라 예산이나 인구 등을 셀 때 많이 사용하므로 이미 억, 조의 단위는 아이들도 익히 들어 보았다. 아이에게 수의 크기와 함께 수를 뜻하는 재미있는 단어도 알려주자.

생활에서는 거의 사용할 일이 없는 큰 수는 중국과 인도에서 많이 전래되었다. '항하사'는 10의 52제곱으로 인도의 갠지스 강변의 모래만큼이나 많다는 뜻이다. '무량대수'는 10의 68제곱으로 상상할 수 없을 만큼 큰 수라는 뜻이며, 이보다 더 큰 수가 '겁'이다.

지금까지 알려진 가장 큰 수의 단위는 '구골'이다. 인터넷에 무수히 많이 깔려 있는 정보를 모두 다 검색하겠다는 의지를 담은 '구글' 회사의 이름이 바로 이 구골에서 유래되었다.

2. 분수와 소수 중 뭐가 더 좋아?

분수는 인류 문화와 함께 생겨났다. 물건을 분배하는 것은 자연스러운 일이고, 이를 위해 분수 개념이 필요했던 것이다. 분수는 나누어떨어지지 않는 수를 나타낼 때 편리하다. 예를 들어 1을 3으로 나누면 0.333333…으로 끝없이 이어지는데, 1/3이라고 분수로 나타내면 간단하다. 고대 이집트 사람들은 1/2, 1/4, 1/5 같이 분자가 1인 단위 분수만 사용했고 분자와 분모를 사용하는 방식은 그리스 시대에 나타났다. 분자를 분모 위에 쓰는 방식은 6세기 인도에서 사용되었다.

그러나 수의 크기를 비교할 때는 소수가 더 편하다. 예를 들어 분수인 5/8와 3/4을 비교해 보자. 어느 수가 큰지 빨리 구별이 안 되지만, 소수로 나타내면 5/8는 0.625이고 3/4은 0.75이므로 금방 알 수 있다.

소수를 처음 사용한 사람은 독일의 루돌프로, 그는 어떤 수를 10이나 100으로 나눌 때 점을 찍는 방법을 썼는데 이것이 소수의 시초이다.

3. 아르키메데스의 무덤

아르키메데스는 부피에 관한 원리로 왕의 왕관이 순금인지 아닌지를 밝힌 학자로 유명하다. 한편으로 아르키메데스는 신무기를 개발하여 로마군을 놀라게 하기도 했다. 하지만 끝내 그의 나라는 로마군에 넘어가고 말았다.

그래도 아르키메데스는 연구에만 몰두했다. 로마 장수인 마르켈루스는 그의 명성을 익히 알고 있어서 군사들에게 아르키메데스는 절대로 해치지 말라고 당부하였다.

어느 날, 아르키메데스는 평소대로 서재에 앉아 기하학 도형을 그리고 있었다. 그때 로마 병사가 서재에 들어오면서 그가 그린 도형을 망쳐 놓았다.

"내 도형을 망치다니, 이 멍청한 병사야!"
그 말을 들은 병사는 화가 나서 칼을 뽑아 아르키메데스를 베었다.
이 사실을 알게 된 마르켈루스는 아르키메데스의 장례식을 성대히 치러주고, 아르키메데스가 연구했던 도형과 구에 외접하는 원기둥을 조각하여 묘를 만들어 주었다고 한다.

주어진 조건의 칠교를 가지고 여러 가지 삼각형을 만들어 보자.

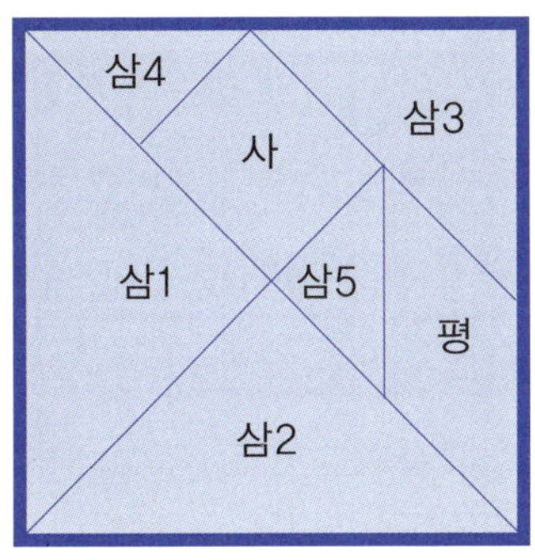

㉮ 삼4, 삼5, 평행사변형(그림에 '평' 이라고 표시된 부분)을 가지고 이등변삼각형을 만들어 보시오.

㉯ 삼2, 삼4, 삼5, 평행사변형을 가지고 이등변삼각형을 만들어 보시오.

㉰ 삼3, 삼4, 삼5, 사, 평행사변형을 가지고 이등변삼각형을 만들어 보시오.

㉱ 7조각 모두를 가지고 이등변삼각형을 만들어 보시오.

○ 수학에서 재미 찾기

수학은 초등학교에서 중학교를 거쳐 고등학교까지 하나로 연결되는 과목이다. 따라서 한 부분이 끊기면 다음으로 넘어가기 힘들다. 때문에 학부모든 학생이든 바짝 긴장해야 한다.

하지만 한 번 감을 잡기 시작하면 수학처럼 재미있고 쉬운 과목도 없다. 다른 과목보다 문제를 풀고 답을 구했을 때 성취감도 크고, 주요 과목인 만큼 성적이 높으면 아이가 갖는 자부심도 따라서 높아진다. 서두르지 말고 천천히 아이에게 수학의 재미를 느끼게 해주자.

스스로 수포자가 되고 싶은 아이는 없다. 수학에 자신이 있든 없든 수학의 달인이 되는 방법을 아이와 함께 연구해 보자.

기하학의 대수학자 유클리드조차 '수학에는 왕도가 없다'고 했다. 수학은 하루아침에 성적이 오르지 않는다. 하지만 꾸준히 한다면 반드시 좋은 성적을 올릴 수 있는 과목이기도 하다.

수학은 매일 복습하는 습관이 중요하다. 벼락치기를 할 수 없는 과목이니 매일 반드시 복습을 해 그날 배운 내용을 완전히 익히고, 최소 한두 문제라도 꼭 풀어야 한다.

그리고 수학은 눈으로만 해서는 절대 안 된다. 반드시 손으로 풀어 봐야 한다. 한 번 쓱 보고 이해하는 것은 1, 2학년 때나 통하던 방법이다. 아무리 쉬운 문제도 직접 써가며 푸는 습관을 가져야 좋은 성적을 얻을 수 있다.

수학 공부를 할 때 좋은 문제집을 푸는 것도 좋지만 우선 교과서와 익힘책의 문제를 다 푸는 것이 더 중요하다. 교과서는 개념과 공식을 이해하기에 가장 좋은 책이다. 교과서로 개념과 공식을 이해한 다음에 교과서와 익힘책의 문제를 풀고 그다음에 문제집을 풀도록 한다. 문제집을 푸는 게 더 효과적일 것 같기도 하겠지만, 교과서 문제를 푸는 것이 우선이다. 문제집을 풀 때는 다양한 유형의 문제를 풀면서 실력을 쌓아 가도록 한다.

자녀가 교과서 문제나 일반적인 문제집을 막힘없이 푼다면 한 단계 어려운 문제집을 풀게 해보자. 한 문제당 푸는 시간이 조금 오래 걸린다고 해도 끈기를 가지고 풀면 아이의 실력은 물론 수학에 대한 자신감도 높아진다. 이 방법은 앞에서도 말했듯이 교과서와 일반적인 문제집을 충분히 이해하는 정도의 실력을 가지고 있을 때 쓰는 것이다. 그렇지 않고 부모 욕심에 따라 무턱대고 어려운 문제집을 내밀면 아이는 수학에 질려 흥미를 잃게 될 것이다. 공부에 대한 자신감은 '내가 해냈다'는 성취감에서 나온다는 것을 잊지 말자.

수학은 아는 것보다 모르는 것을 체크하는 것이 중요하다. 모르는 것을 확실하게 짚고 넘어가야 다음 단계에서 흔들림 없이 공부할 수 있으므로, 반드시 오답노트를 만들게 하자. 평상시에 풀어본 문제 중에 틀리거나 어려웠던 문제만을 모아 오답노트를 만들면 부족한 부분을 체크할 수도 있고, 시험공부에 미리 대비할 수도 있다.

수학이 더 이상 계산만 잘하면 되는 과목이 아니라는 것을 부모들도 알 것이다. 사고력 위주의 서술형, 논술형 문제가 많아지면서 수학에도 독해 능력이 필요해졌다. 실제로 수학 문제를 몰라서 못 푸는 것이 아니라, 문제를 이해 못해서 못 푸는 학생들이 많다. 정작 풀이 과정을 보면 쉽지만 그 풀이를 끌어내지 못하고 있는 것이다.

문제가 요구하는 답이 무엇인지 빨리 알려면 독해 능력이 있어야 한다. 가끔 갈피를 엉뚱하게 잡든가, 문제만 읽으면서 시간을 보내는 아이가 있다. 문제를 찬찬히 읽으면 답이 보인다는 말은 더 이상 통하지 않는다. 수학의 독해 능력을 키우기 위해서라도 평소 책읽기를 소홀히 해서는 안 된다.

3

영어

○ 단원별 핵심 포인트

교과서마다 약간의 차이는 있지만 2011년 개정된 4학년 영어는 일상생활에서 사용하는 가장 기초적이면서도 공통적인 내용을 포함하고 있다.

❶ Good Morning!	만나고 헤어질 때 인사하기(Good morning / Good afternoon / Good evening / Good night) 안부 묻고 답하기(How are you? – Fine[Great] / Not so good)
❷ This Is My Sister	다른 사람 소개하고 대답하기(Who is he[she]? / She[He] is my⋯.
❸ It's Time for Lunch	시간 묻고 말하기(What time is it? / It's⋯.) 시간 묘사하기(It's time for⋯.)

❹ Shake Your Head	아픈 신체 부위 말하기(My … hurts.) 동정 표현하기(That's too bad.) 지시하기(Shake[Raise] your….)
❺ Where Are You?	집 안의 어느 장소에 있는지 묻고 말하기(Where are you? / I'm in the….) 집 안에서 하는 행동 말하기(I'm ~ing.)
❻ I Can Ride a Bike	할 수 있는 것과 없는 것 말하기(I can[can't]) 할 수 있는 것 묻고 답하기(Can you…?)
❼ The Tiger is Sleeping	동물의 이름 말하기(It's….) 동물의 동작 · 상태 표현하기(The … is ~ing.)
❽ Don't Enter, Please	금지하기(Don't …, please.) 지시하기(Line up(Pick up the trash/ Be quiet), please.)
❾ I Want Some Water	원하는 음식 묻고 말하기(I want….) 제의하기(How about you?)
❿ Is This Your Boy?	소유 묻고 답하기(Is this your …?/ Yes, it is./ No, it isn't.) 물건의 색깔 말하기(My …is ….)
⓫ How Much Is It?	물건 가격 묻고 답하기(How much is it? / It's … won.) 원하는 물건 말하기(I want ….) 상점에서 손님 맞기(Can I help you?)
⓬ I Went to the Zoo	하루를 어떻게 보냈는지 묻고 답하기(How was your day? / It was….)

○ 쉽게 외우는 단어 암기법

영어를 잘하려면 단어를 많이 외워야 한다는 것은 학부모가 학생이던 시절부터 들어본 말일 것이다. 단어 외우기가 중요하다는 것을 알지만 그리 쉬운 일이 아니다. 어떻게 하면 더 효과적으로 많은 단어를 외울지 방법을 찾아보도록 하자.

발음과 강세

단어를 외울 때 발음은 물론 강세도 익히도록 한다. 강세가 어디에 있는지에 따라 전혀 다른 의미가 되기 때문이다. 후식(dessert)은 두 번째에 강세가 있지만 사막(desert)은 첫 번째에 있다. 강세를 신경 써서 외우지 않으면 틀리게 발음할 수도 있고, 알고 있는 단어라 할지라도 영어 발음을 실제 들었을 때 어떤 단어인지 알 수도 없다.

몸으로 외우기

단어는 많은 감각을 이용해 외우면 더 오래 기억된다. 눈으로 보고, 입으로 소리 내고, 손으로 쓰면서 외우면 온몸이 기억하기 때문에 더 효과적이다.

접사와 동의어, 반의어

우리나라 말에 접두사와 접미사가 있듯이 영어도 접두사와 접미사가 있다. 앞으로 영어 단어 공부를 하기 위해서는 접두사와 접미사를 알아 두는 것이 좋다. 예를 들어 접미사 '~er' '~or' 은 행위가인 경우가 많다. '가르치다' 라는 뜻의 teach에 er이 붙어 teacher(선생), '읽다' 라는 뜻의 read에 er이 붙어 reader(독자)가 되는 현상 등이 좋은 예다.

그리고 동의어와 반의어를 함께 외우는 것도 좋다. 또 비슷한 단어도 함께 외우면 오히려 나중에 헷갈리지 않는다. 잘 안 외워지는 단어, 복잡해 보이는 단어들은 어원을 분석하면 쉽게 외울 수 있다.

예문

단어는 예문도 함께 외우는 것이 좋다. 언어학자들에 의하면 문맥 속에서 단어를 익히는 것이 의미를 가장 잘 이해하고 오래 기억할 수 있다고 한다.

사실 단어만 외우면 그 단어를 어떻게 써야 하는지 모를 때가 많다. 그리고 우리나라 단어에 말로 표현 못하는 뉘앙스가 있듯 영어도 마찬가지다. 문맥에 따라 영어 단어의 용법이 다르기 때문에 미묘한 차이까지 익힐 수 있게 문장을 함께 외우자.

반복 암기

'에빙하우스'의 망각 곡선에 의하면 한 번 기억한 것은 한 시간 정도 지나면 반 이상 잊어버리고 한 달이 지나면 80퍼센트를 잊어버린다고 한다. 따라서 반복해서 외우는 것이 중요하다.

한 번 외운 것은 최소 7번 복습하게 하자. 자기 전에 그날 배운 단어를 다시 훑어보게 하고, 자투리 시간을 활용하여 틈틈이 단어를 꾸준히 외우도록 한다. 아이가 머리가 나빠서 기억력이 떨어진다기보다는 반복을 하지 않아서 단어를 못 외우는 것이다.

잘 외워지지 않는 단어들은 특별히 별 모양 등으로 표시해서 다른 영어 단어와 구별해 두는 것이 좋다.

단어의 발음이나 모양을 뜻과 연결하여 연상해 보는 것도 단어를 암기하는 데 유리하다. 예를 들어 book이라는 단어를 외울 때, "책은 북북 찢을 수 있으므로 북(book)이다" 또는 egg라는 단어를 외울 때 "달걀이 에그, 깨졌네. 이지지~(egg)" 식으로 연상 작용을 이용하면 단어를 좀 더 쉽게 외울 수 있다.

테스트

실제 단어 시험을 볼 때처럼 스스로를 테스트 해보는 것도 좋은 방법이다. 한글의 뜻을 가리고 그에 해당하는 뜻을 맞추거나 한글 뜻을 보면서 영어 단어를 써보는 등 시험을 보듯 공부하면 도움이 된다.

4

과학

⭕ 단원별 핵심 포인트

초등학교 과학 교과서는 과학책과 실험 관찰 책으로 구성되어 있다. 과학 교과서는 각 단원마다 과학의 탐구 활동을 강조하는 '탐구 활동 해보기'가 있고, 탐구 활동을 수행하는 과정과 그 결과를 기록하는 것으로 문제에 대한 답을 적거나 과학에 관련된 글쓰기를 하는 '실험관찰' 책이 있다.

4학년 1학기	
❶ 무게 재기	각종 저울의 사용법을 알아보고 저울을 이용해 생활 속에서 무게를 재 본다.
❷ 지표의 변화	화단 흙과 운동장 흙을 비교하고 식물이 잘 자랄 수 있는 흙에 대해 알아본다. 흙이 만들어지는 과정과 유수대를 이용한 실험을 통해 물이 지표면을 어떻게 변화시키는지 관찰한다.
❸ 식물의 한살이	여러 가지 씨앗을 관찰하고 씨앗에서 싹이 트는 과정을 알아본다. 강낭콩의 자람을 관찰하며 식물의 한살이에 대해 알아본다.
❹ 모습을 바꾸는 물	물의 상태를 이해하고 각각의 특성과 변화의 원인에 대해 배운다. 증발, 응결 등 물의 상태 변화의 용어를 이해하고 물의 순환에 대해 배운다.

4학년 2학기	
❶ 식물의 세계	식물의 줄기, 뿌리의 생김새와 특징에 대해 학습하고 분류해 본다. 꽃과 열매의 생김새와 특징에 대해 공부한다. 들과 숲, 연못과 강가에 사는 식물의 특징에 대해 알아본다.
❷ 지층과 화석	지층과 퇴적암에 대해 학습하며 화석에 대해 배운다. 실험을 통해 직접 지층과 퇴적암, 화석을 만들어 본다.
❸ 열 전달과 우리 생활	고체·액체·기체의 상태를 이해하고 각 물질의 상태에 따라 열전달 방법을 이해하도록 한다.
❹ 화산과 지진	화산에 대해 학습하며 직접 화산 모형을 만들고 관찰한다. 지진의 발생 원인에 대해 알아보고 지진의 피해를 줄이기 위한 방법에 대해 학습한다.

과학은 실험이 중요한 과목이다. 책으로 공부하면 그저 외우기일 뿐인 내용이 실험과 관찰을 통하면 자연스럽게 학습이 되고, 그렇게 익힌 내용은 기억에 오래 남는다.

4학년 과학 교과서에 나오는 실험 몇 가지를 소개한다. 집에서도 쉽게 할 수 있는 실험이지만, 당장의 과학 성적에 도움이 될 뿐만 아니라 앞으로 과학에 흥미를 가지게 할 수 있는 좋은 실험이다.

실험 1 강낭콩 키우기	
준비물	강낭콩, 화분, 흙
방법	화분 구멍을 돌로 막고, 거름흙을 넣는다. 씨앗을 씨앗의 2~3배 깊이로 심고 물을 준다. 팻말에 씨를 심은 날짜와 씨의 종류에 대해 기록한다.
관찰	1) 식물이 자라는 데 햇빛이 미치는 영향 알아보기 2) 식물이 자라는 데 물이 주는 영향 알아보기 3) 잎과 줄기의 자람 알아보기
결과	1) 햇빛을 받은 강낭콩은 잎이 크고 두껍고, 진한 초록색이며 줄기가 짧고 굵으며 튼튼하다. 햇빛을 받지 않은 강낭콩은 잎이 작고 얇고 연한 초록색이며, 줄기가 가늘고 길어 약하다. 2) 물을 준 강낭콩은 잎과 줄기가 싱싱하고 크게 자라고, 물을 주지 않은 강낭콩은 잎과 줄기가 축 늘어진다. 3) 잎과 줄기의 측정 방법 : 잎을 모눈종이에 대고 그려 크기를 측정하고 줄기의 길이와 굵기를 줄자를 이용하여 측정한다.

준비물	각설탕, 투명한 병, 물
방법	기계적 풍화 – 투명한 병 속에 각설탕을 넣고 흔든 후 변화를 관찰한다. 화학적 풍화 – 각설탕을 쌓은 후 물을 몇 방울 떨어뜨려 변화를 관찰한다.
결과	각설탕을 흔들면 모서리 부분이 떨어져 나와 가루로 부서졌다. 많이 흔들수록 각설탕에서 떨어져 나온 가루의 양이 많다. 각설탕에 물을 한두 방울 떨어뜨리면 물이 각설탕 사이에 스며들어 모양이 붕괴된다.

실험 3 화석 모형 만드는 과정

준비물	고무 찰흙, 조개껍데기
방법	두 개의 고무 찰흙 반대기를 만들고, 한 개의 고무 찰흙 반대기 위에 조개껍데기를 놓는다. 다른 고무 찰흙 반대기를 겹쳐 놓고, 두 개의 고무 찰흙 반대기를 누른다. 위에 놓인 고무 찰흙 반대기와 조개껍데기를 떼어 내어 관찰한다.
결과	1) 조개껍데기의 바깥 흔적이 뚜렷한 점이 실제 화석과 같다. 2) 화석 모형은 색깔이 나타나지 않고, 실제 화석에 비해 오목한 것이 많다.

실험 4 공기를 가열하면 어떻게 될까?

	준비물	고무풍선, 페트병, 뜨거운 물, 얼음
실험 1	방법	페트병을 고무풍선으로 막고 아래 부분을 뜨거운 물에 담그거나 얼음을 넣은 그릇에 담근다.
	결과	고무풍선으로 막은 페트병의 밑 부분을 뜨거운 물에 담그면 고무풍선이 팽팽해진다. 페트병의 밑 부분을 얼음이 들어 있는 용기에 담그면 고무풍선이 납작해지면서 푹 주저앉는다.
실험 2	준비물	빈 병, 동전, 따뜻한 물
	방법	빈 병의 주둥이에 동전을 올려놓고 따뜻한 물에 담근다.
	결과	병 속 공기의 부피가 늘어나 동전을 밀어내기 때문에 동전이 들썩인다.

<table>
<tr><td colspan="2">실험 5 모습을 바꾸는 물</td></tr>
<tr><td>준비물</td><td>설탕, 물, 작은 컵 4개, 길쭉한 컵 1개, 4가지 색 물감, 숟가락</td></tr>
<tr><td>방법</td><td>작은 컵 네 개에 같은 양의 물을 담는다. 그리고 첫 번째 컵에는 설탕 6숟가락, 두 번째 컵에는 설탕 4숟가락, 세 번째 컵에는 2숟가락을 넣고 잘 섞어 녹인다. 컵에 담긴 물을 구분할 수 있도록 각각 다른 색의 물감을 넣는다. 길쭉한 컵에 설탕을 많이 섞은 물부터 차례로 넣는다.</td></tr>
<tr><td>결과</td><td>물이 섞이지 않고 층을 이룬다. 같은 양의 물에 설탕의 양을 다르게 해서 녹이면 물속에 들어있는 입자수가 달라져 밀도가 다르게 나타난다.</td></tr>
</table>

○ 생활과 연계해서 이해하기

보통 과학이라고 하면 어렵기만 한 학문으로 여긴다. 하지만 일상생활에서 쉽게 접할 수 있는 부분과 연결시키도록 도와주면 아이는 쉽고 재미있게 이해할 수 있다.

과학은 아이의 호기심에서 출발한다. 아이들은 보고, 듣고 만지고 냄새 맡고 맛보는 경험을 통해 끊임없이 생겨 나는 호기심과 궁금증을 해소하며 새로운 것을 알아간다.

과학 공부의 기본은 개념의 이해와 원리의 탐구다. 암기할 것도 많기 때문에 무턱대고 외우기만 했다가는 흥미를 잃고 쉽게 잊어버리기도 한다.

효율적으로 과학 공부를 하는 방법은 개념을 이해하고 원리를 따지면서 자기 것으로 소화한 다음에 암기하는 것이다. 정확한 개념 및 원리에 대한 이해도 안 된 상태에서 무조건 외우기만 한 것은 금세 잊어버리기 마련이다.

또한 당장 좋은 점수를 받자고 탐구 과정보다 결과 위주로 공부하면 당장은 성적을 올릴 수 있을지 모르지만 중학 과학을 포기하게 되는 결정적 이유가 된다. 또한 과학 수업을 통해 키워야 하는 탐구력도 약해지게 된다. 급하게 성적을 올리려다 잘못된 학습 습관이 몸에 배면 기본 자질마저 갖출 수 없게 되는 것이다.

과학에 관한 최신 정보는 과학 잡지와 인터넷에 나와 있다. 특히 인터넷에서 볼 수 있는 사진이나 동영상 자료는 간접적으로나마 아이들에게 사물을 보고 체험하는 효과를 주기 때문에 매우 유용하다.

과학 잡지를 비롯해 아이들에게 과학적 관심을 불러일으키는 책도 많다. 어릴 때부터 과학 책을 보여 주면 아이의 창의력을 높이는 데 효과가 있다. 만약 아이가 과학에 관심이 있다면 책을 접하도록 신경 써야 한다. 과학적 재능을 키우는 데 책이 중요한 자극제가 될 수 있기 때문이다.

박물관이나 수족관, 식물원 등을 돌아보는 것도 효과적이다. 주말 농장에서 채소를 키워 보는 경험도 아이의 과학 재능 키우기에 도움이 된다.

아이의 과학적 재능을 키우기 위해 호기심을 일으키는 대화를 자주 나누는 것이 좋다. 생활 속에서 생기는 의문점을 아이와 함께 풀어 보면, 서로 질문하고 답하는 과정 속에서 부모와 아이가 더욱 친밀해지며 아이의 과학적 가치관을 형성케 한다.

손쉽게 구할 수 있는 재료로 뚝딱 실험하기

책제목	저자	출판사	년
하루 10분, 우리 아이 영재로 만드는 과학 실험 40가지	이영환	살림 출판사	2008
초등학교 때 꼭! 해야 할 재미있는 과학 실험 365	아니타 판 자안	계림	2012
초등학생 때 꼭 해야 할 과학 실험 100	편집부	종이나라	2007
냠냠! 짭짭! 꿀꺽 삼킨 음식은 어디로 가나요?	제니스 롭	다섯 수레	2000

과학 실험 정보

사이트	내용
사이언스올 (www.scienceall.com)	한국과학창의재단에서 운영하는 사이트. 초 · 중 · 고교에서 배우는 과학 실험을 사이버 체험으로 만나볼 수 있다.
유레카과학실험센터 (www.kidland.co.kr)	유레카과학실험센터에서 운영하는 사이트. 과학 실험 카테고리 안에 'fun fun 과학 실험' 에는 집에서 손쉽게 할 수 있는 과학 실험 방법이 게재된다.

5

사회

○ 단원별 핵심 포인트

4학년부터는 폭넓은 지리 지식과 정치·경제를 배우게 된다. 특히 지방자치단체의 역할에 대해 공부하므로 지역의 시·군·구청과 은행을 방문해 지방 자치의 개념과 지역 문제를 해결하기 위한 여러 가지 방법을 살펴보도록 한다. 살고 있는 지역의 홈페이지에 들어가서 우리 시·도에 대한 여러 가지 자료를 찾아보고, 다른 도시에서 열리는 문화 축제 등의 행사에 직접 참가하면 도시마다 특색이 있다는 것을 이해하는 데 많은 도움이 된다.

학생들이 사회 과목에서 가장 어려워하는 부분이 지도다. 지형, 등고선, 축척 등의 개념은 직접 현장 답사 체험을 통해 얻는 것이 좋다. 사회과부도에 수록된 지도와 그래프를 친숙히 여길 수 있도록 여행을

갈 때 활용해 자녀의 지리적 이해도를 높이도록 하자.

4학년 1학기

❶ 우리 지역의 자연 환경과 생활 모습	지역의 위치, 자연환경, 생활 모습에 대한 내용을 살펴보고, 현장 답사 활동을 해서 서로의 관계를 알아본다.
❷ 주민 참여와 우리 시·도의 발전	지방 자치의 개념과 지방자치단체 기관에 대해 알아보고, 선거를 통해 대표를 뽑는 이유와 선거 과정을 학습한다.
❸ 더불어 살아가는 우리 지역	자매결연, 경제적 관계, 교통과 통신에 따른 지역의 관계를 살펴보고 인구 이동에 따른 우리의 미래 지역 모습을 상상해 본다.

4학년 2학기

❶ 경제생활과 바람직한 선택	경제생활에서 발생하는 선택의 문제를 시작으로 바람직한 경제활동을 위한 내용을 공부한다.
❷ 여러 지역의 생활	지방자치단체의 역할과 지방자치단체들이 우리 지역의 문제점을 해결하기 위해 어떤 노력을 하고 있으며 앞으로 우리 시·도의 모습이 어떻게 바뀌면 좋을지를 조사한다.
❸ 사회 변화와 우리 생활	우리 사회가 어떻게 변화하고 있으며 앞으로 우리 생활은 어떤 영향을 받을지에 대해 공부한다.

학기	사회교과단원	견학장소
4학년 1학기	❶ 우리 지역의 자연환경과 생활 모습	• 농업박물관 http://www.agrimuseum.or.kr • 국립민속박물관 http://www.nfm.go.kr • 문화유적지 : 고궁, 박물관, 전시관 • 역사유적지 : 서대문독립공원, 임진왜란 사적지, 강화도 탐방 • 종교 유적지 : 절두산 성지, 양화진, 여수 애양원
	❷ 주민 참여와 우리 시·도의 발전	• 각 시·도의 지방자치단체와 지방의회 : 각 지방자치단체는 주민에게 개방되어 있다. • 국회 : 국회는 미리 예약하면 자유로운 출입이 가능하다.
	❸ 더불어 살아가는 우리 지역	• 살고 있는 각 구청, 시청 홈페이지에서 자매결연 도시 검색 • 지구촌민속교육박물관
4학년 2학기	❶ 경제생활과 바람직한 선택	• 국회의사당 견학 • 경찰박물관 http://www.policemuseum.go.kr • 기상청 http://www.kma.go.kr • 청와대 http://www.president.go.kr • 대법원 http://www.scourt.go.kr
	❷ 여러 지역의 생활	• 농업박물관 http://www.agrimuseum.or.kr • 경북안동하회마을 http://hahoe.invil.org

◯ 이해하는 만큼 보인다

사회가 암기 과목이라고 하지만, 과연 무조건 외우면 되는 과목일까?

사회 공부 시간은 우리가 살고 있는 세계를 탐구하는 시간이다. 사회의 다양한 문제를 정확히 파악하는 데 필요한 것은 단편적인 지식 암기보다는 기본적인 개념, 원리, 법칙 등을 파악하는 것이다. 따라서 교과서에 소개된 사회과학의 개념이 무엇이며, 그러한 개념이 어떻게 형성되었는가를 이해하는 것이 사회를 학습하는 기초를 쌓는 데 도움이 된다.

하나하나 논리적, 체계적으로 정리하며 배우다 보면 중간 중간에 반드시 기억해야 하는 사항이 나온다. 그 내용을 논리적으로 설명하려면 기억해야만 하고, 저절로 기억되기도 한다.

교과서에는 내용 전개를 위해서 꼭 필요한 사항이 있는가 하면 그저 정보만 나열한 것도 있다. 단순히 외우기만 하면 어떤 것이 중요한지 파악하기 어렵다. 하지만 이해하면서 공부하는 사람은 자연스럽게 중요한 순서대로 기억할 수 있다. 내용을 이해하면서 논리적으로 공부해야 제대로 공부할 수 있으며 기억에 오래 남는다.

사회 과목을 잘하려면 각종 도표, 지도, 사료 등의 자료를 분석하는 능력을 길러야 한다. 각종 자료나 다양한 형태의 통계 자료가 많이 이용되므로, 주어진 자료를 분석하여 하나의 개념으로 끌어낼 줄 알아야 한다.

사회 공부를 할 때는 교과서를 여러 번 정독한 후 자신이 선생님이 되어 학생들을 가르친다는 생각으로 정리를 해본다. 일부러 외워서 하기보다는 내용의 흐름을 잘 생각해서 편하게 말한다는 생각으로 정리해 보는 것이다. 연습장에 쓰면서 외우는 것이 아니라 자신이 공부해서 이해한 내용을 머리로 생각하면서 적는 것이 좋다.

자신이 정리한 내용을 보고 부족한 부분이 있다고 생각하면 교과서나 참고서에서 보충설명을 복사해 노트에 붙여 주면 효과 만점이다. 특히 국사 같은 과목은 역사의 흐름이 중요하기 때문에 공부한 내용을 혼자 힘으로 정리하는 방법이 매우 주요하다.

마인드맵 방식으로 내용을 정리하는 것도 좋은 방법이다. 내용들이 서로 연관되는 내용이 많기 때문이다. 내가 만든 마인드맵을 다시 떠올리면서 정리하면 특별히 외우려 하지 않아도 머릿속에 남아 있게 된다.

그렇다면 마인드맵을 아이의 학습에 어떻게 활용하면 좋을지 알아보자.

마인드맵은 글을 읽고 내용을 정리하고 핵심을 찾아내어 구조화시키고 이미지화하는 것을 말한다. 1971년 영국의 '토니 부잔'이 개발한 사고력 중심의 두뇌 개발 프로그램으로, 7차 교육과정부터 교과서에 적용되고 있는 학습 구조화의 한 방법이기도 하다.

마인드맵을 그리기 위해서는 글의 내용을 완벽하게 이해해야 한다. 그리고 혼자 힘으로 할 줄 알아야 학습에서 많은 효과를 볼 수 있다. 게다가 마인드맵을 만드는 과정에서 글을 읽으면서 좌뇌를, 그림으로 이미지 형상화하면서 우뇌를 사용하다 보니 양쪽 뇌를 자유롭게 쓰는 훈련도 된다.

모든 과목에 마인드맵을 적용해도 좋지만, 특히 고학년 사회 과목이 제격이다. 책의 내용을 하나의 그림으로 그리고, 구조화한 내용에 색깔이나 그림을 넣으면 된다. 물론 처음에는 기초적인 분류도 어려울 것이다. 하지만 교과서를 가지고 꾸준히 하다 보면 감을 잡게 되어 다른 과목에도 활용할 수 있다.

마인드맵 만드는 방법과 순서

1. 가장 큰 주제를 정한다.

2. 큰 주제 안에 들어갈 작은 주제를 정해 연결한다.

3. 주제를 표현할 때는 핵심어를 사용한다. 문장이 너
   무 길면 보기에 좋지 않다.

예시

우리지역의
자연 환경과
생활모습

자연
환경

지역에 따른
자연환경

대구
제주도
울릉도

지형과 기후

지형

땅의 모습
땅의 높낮이
– 등고선

가장 높은 곳

기후

기온
강수량

생활
모습

인구
산업
교통

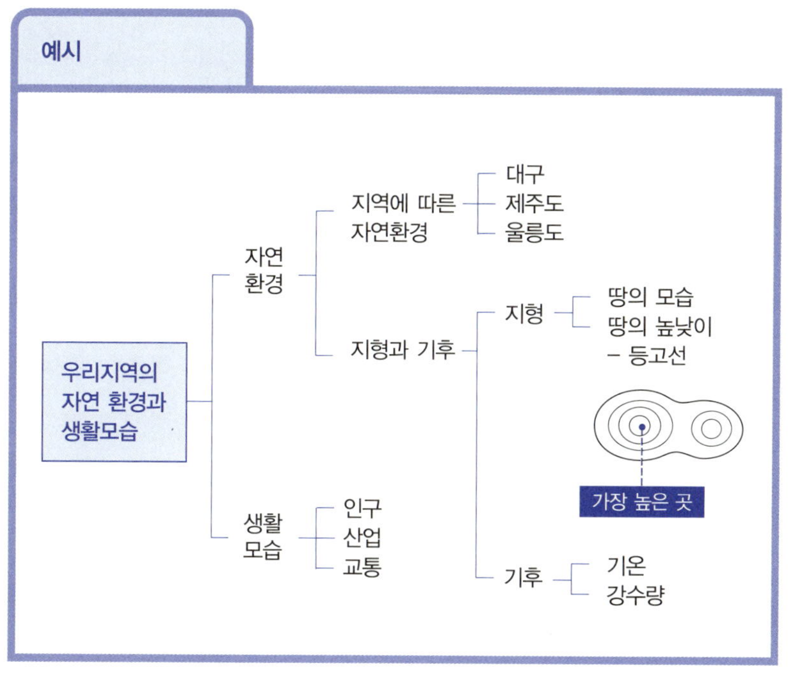

5학년
교과서
따라잡기

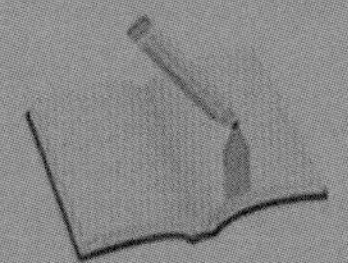

5학년 사회는 우리나라 역사에 대해 배운다. 역사는 자칫 어렵고 지루해지기 쉬운 부분이다. 게다가 선사시대부터 해방 이후까지를 한꺼번에 배우므로 더욱 어렵게 느껴질 수도 있다.

미리 우리나라 역사에 대한 책이나 학습만화 등으로 친숙하게 해두고, 유적지로 가족 나들이를 가는 것이 도움이 된다.

1
국어
(듣기 · 말하기 · 쓰기/읽기)

○ 단원별 학습 포인트

중요한 사건을 보도하는 기사문을 써보고, 토론할 때 자신의 생각을 말하고, 상대방의 의견을 어떻게 판단하는지에 대해 공부한다. 초등학교 국어과 교육과정에서 처음으로 '서평'에 대해 배우며, '추론' 하기에 대해 배운다. 추론은 이야기의 일부분을 빼놓고, 앞뒤 내용을 토대로 생략된 부분을 상상하게 하는 것으로 수준 높은 국어 실력이 요구된다. 추론 실력을 판가름하는 것이 독서다. 아무리 학교 공부가 바쁘다 하더라도 독서는 모든 공부의 기초가 되므로 꾸준히 계속하도록 한다. 또한 고급 지문을 이해할 수 있도록 한자 실력을 기르는 것이 좋다.

> 학교 공부가 바쁘다 하더라도 독서는 모든 공부의 기초가 되므로 꾸준히 계속하도록 한다.

❶ 문학의 즐거움	**듣기·말하기·쓰기** 경험담에 대해 알아보고 경험담을 이야기해 본다. **읽기** 시, 이야기를 읽고 인상적인 부분에 대해 말해 본다.
❷ 정보의 탐색	**듣기·말하기·쓰기** 기사문의 특성을 알고 육하원칙에 따라 기사문을 써본다. **읽기** 시간을 표현하는 방법을 알아보고, 시간을 나타내는 방법에 알맞게 문장을 만들어 본다.
❸ 생각과 판단	**듣기·말하기·쓰기** 토론의 특성을 알고 토론의 절차와 방법을 익힌다. **읽기** 글에 쓰인 낱말의 여러 가지 의미를 알아본다.
❹ 주고받는 마음	**듣기·말하기·쓰기** 온라인 대화의 특성과 효과적으로 의사소통하는 방법을 알아본다. **읽기** 서평의 특성을 생각하며 글을 읽어본다.
❺ 사실과 발견	**듣기·말하기·쓰기** 대상을 설명할 때에 알맞은 방법을 알아본다. **읽기** 사건을 기록한 글에서 인과관계를 알아보고 정리한다. 인물의 성격이 사건 전개와 어떤 관계가 있는지 생각하며 글을 읽는다.
❻ 깊이 있는 생각	**듣기·말하기·쓰기** 주장에 대한 근거를 뒷받침하는 방법을 알아본다. 알맞은 근거를 마련하여 주장이 드러난 글을 작성한다. **읽기** 광고에 나타난 표현의 특성을 찾아본다.

<table>
<tr><td>❼ 상상의 날개</td><td>**듣기 · 말하기 · 쓰기**
이야기를 꾸며 쓰는 방법을 알아본다.
사건이 잘 드러나는 이야기를 꾸며 써본다.
읽기
시에 대한 생각이나 느낌이 서로 다른 까닭이 무엇인지 알아본다.</td></tr>
<tr><td>❽ 함께하는 세상</td><td>**듣기 · 말하기 · 쓰기**
칭찬하거나 사과하는 말의 필요성에 대하여 알아본다.
읽기
전기문의 특성을 생각하며 글을 읽어 본다.</td></tr>
</table>

5학년 2학기

<table>
<tr><td>❶ 상상의 표현</td><td>**듣기 · 말하기 · 쓰기**
주제에 알맞게 이야기를 꾸미는 방법을 알아본다.
이야기를 꾸며 쓸 때 사건 사이의 관계를 드러내는 방법을 알아본다.
읽기
시나 이야기를 읽고 인상적인 부분을 찾아 그 효과에 대해 알아본다.</td></tr>
<tr><td>❷ 사건의 기록</td><td>**듣기 · 말하기 · 쓰기**
기사문이 갖추어야 할 조건에 대해 알아보고 기사문을 작성해 본다.
읽기
글을 읽고 사건의 전개 과정을 정리해 본다.
시간 순서를 바꾸어 전개한 글의 효과를 알아본다.</td></tr>
<tr><td>❸ 의견과 주장</td><td>**듣기 · 말하기 · 쓰기**
토론을 통해 자신의 의견을 주장하는 방법에 대해 알아본다.
토론할 때 지켜야 할 태도에 대해서도 알아본다.
읽기
광고의 의도를 파악하고 신뢰성을 평가해 본다.</td></tr>
</table>

❹ 나눔의 기쁨	**듣기·말하기·쓰기** 사과글의 특성에 대해 알아보고 사과글을 작성해 본다. **읽기** 서평이 우리에게 어떤 도움을 주는지 알아본다. 서평을 읽고 어떤 책인지 짐작해 본다.
❺ 우리가 사는 세상	**듣기·말하기·쓰기** 발표할 때 주의점에 대해 알아보고, 자료를 활용하는 방법에 대해 알아본다. **읽기** 당시의 현실과 사건의 관련성을 파악하는 글을 읽어야 하는 까닭을 알아본다. 인물의 성격과 사건의 전개를 생각하며 글을 읽어 본다.
❻ 깊은 생각 바른 판단	**듣기·말하기·쓰기** 의견을 나타내는 글을 쓸 때 주의할 점에 대해 알아보고, 직접 내 의견이 드러나는 글을 써본다. **읽기** 인물과 시대 상황의 관계를 생각하며 전기문을 읽어 본다. 전기문을 읽고 인물의 가치관을 파악하는 방법을 알아본다.
❼ 이야기와 삶	**듣기·말하기·쓰기** 촌극의 특성에 대해 알아보고, 직접 대본을 쓰고 공연해 본다. **읽기** 시에 대한 느낌을 다른 사람과 비교해 본다. 시조의 특성에 대해 알아본다. 이야기에 대한 생각이나 느낌을 다른 사람과 비교해 본다.

○ 고학년의 독서 방법

교과서에 등장하는 지문들의 장르가 다양해졌다. 판타지 소설이나 자기계발서가 교과서에 실리기도 한다. 이런 종류의 글을 처음 접하는 아이들은 낯설고 당황스러울 수밖에 없다. 고학년이 될수록 다양한 분야의 독서가 더욱 절실해진 이유이다.

게다가 독서는 자기주도학습에 필요한 역량을 키우는 핵심 요소다. 독서는 자녀의 사고력 발달은 물론 사고의 폭을 넓혀 주고 사고의 기틀을 마련해 준다. 이런 것들은 자기주도학습 능력의 향상으로 자연스럽게 연결된다.

하지만 무작정 책만 많이 읽는다고 자기주도학습 능력이 향상되는 것은 아니다. 흔히 책을 많이 읽으면 공부를 잘할 것이라고 생각하지만 반드시 그런 것은 아니다. 특히 책만 읽는 자녀들은 반드시 눈여겨볼 필요가 있다.

우리가 말하는 독서는 마음에서 끌리는 대로 읽어 내려가 재미와 감동을 느끼는 것이다. 하지만 공부하는 데 필요한 '학습 독서'는 재미와 감동에서 그치면 안 된다. 책 내용을 정보로 받아들여 이해하고 기억해야 한다.

어떤 아이는 책을 읽다가 내용과 주인공 그리고 그 배경과 하나가 되어 현실감이 떨어지기도 한다. 아주 어린 아이라면 놀랄 일도 아니지만 고학년이 되면 달리 생각해야 한다. 고학년이 되면서부터 학과목의 지식을 습득하기 위한 독서가 점차 주를 이루게 된다.

독서는 공부에 필요한 수단이다. 반드시 공부에 필요한 독서 방법을 익히도록 도와주어야 한다. 그렇지 않으면 역사책을 옛이야기처럼 혹은 위인전을 판타지 소설처럼 읽을 수도 있다.

그러므로 고학년이 되면 문학과 비문학 비율을 점차 비문학 쪽으로 높여 가는 것이 좋다. 동화에만 치우치지 말고 전래동화, 창작, 명작, 시, 희곡, 위인전 등을 다양하게 접할 수 있도록 하자. 비문학 역시 수학, 우주, 역사, 정치, 경제, 예술, 생물, 지구, 물리, 에너지, 환경, 음악, 미술 등의 전 영역을 골고루 접할 수 있게 해야 한다.

책과 관련한 신문이나 잡지로 흥미를 끄는 것도 좋은 방법이다. 신문이나 잡지에는 현 시점에서 일어나는 다양한 사건이 있고 다양한 삽화나 사진이 있어 신문을 읽어 두면 비문학 영역을 처음 접하더라도 쉽게 접근할 수 있다. 또한 신문이나 잡지로부터 책으로 연계해 깊이 있는 지식과 관심 분야를 찾을 수 있는, 일석이조의 방법이다.

학습 독서 방법

1. 사회나 시사에 관한 책은 삽화나 그래프 등을 꼼꼼히 보고 주제와 연관 지어 읽는다.
2. 역사책이나 세계사책은 지역의 지도와 그 시대의 지도를 자세히 보면서 이해할 수 있어야 한다.
3. 한 번 대강 훑어보기를 한 후 다시 한 번 자세하게 중요한 부분에 줄을 긋고 여백에는 필기나 메모를 해가면서 읽는다.

독후감 쓰기

자녀가 책을 읽고 난 후에는 책을 읽기 전과 비교해서 새롭게 알았거나 깨달은 점을 메모하도록 한다. 이야기를 정리하면 책 내용을 심층적으로 이해하는 데 큰 도움이 되고, 새로 얻은 지식들을 되새겨볼 수 있기 때문이다.

독후감은 따로 형식이 정해진 것은 아니다. 하지만 독후감을 처음 써 보는 아이거나 독후감 쓰는 것을 부담스러워하는 아이라면 처음·중간·끝 이렇게 세 부분으로 나누어 쓰는 방법을 사용해 보자.

우선 첫 부분에서 다른 사람의 흥미를 자극하여 나의 글을 끝까지 읽도록 만드는 것이 중요하다. 책을 읽은 동기나 책 내용의 특징, 지은이나 주인공의 소개로 시작한다. 인상 깊은 장면이나 글귀를 소개하면서 시작하는 것도 좋다.

중간은 책을 읽고 느낀 점을 쓰도록 한다. 인상 깊었거나 감명 깊었던 부분을 간단히 소개하며, 감명받은 이유와 본받을 점은 자세히 기록한다. 이 부분이 독후감에서 가장 핵심이 되는 부분이고 독후감을 잘 썼는지 아닌지를 판가름하는 부분이기도 하다.

주인공의 입장이 되어 "내가 주인공이라면 이렇게 했을 텐데" 또는 "주인공의 이런 점을 배우고 싶다"라는 식으로 감동받은 장면을 강조하거나, 인상적인 글귀를 인용하면서 쓴다.

만약 책이 재미없었다면 그 느낌을 그대로 쓰면 된다. 내용 가운데 이상하다고 느낀 부분을 소개하며 "내가 작가라면 이렇게 썼을 텐데" 하고 내용을 재구성하는 것도 좋은 독후감이 된다.

끝부분은 가운데 부분에서 느낀 점과 감동적인 부분을 종합하여 나에게 주는 교훈을 정리하고, 앞으로 내 생활에 어떻게 적용하겠다는 다짐을 쓴다.

신문 읽기

아이들이 고학년이 되면 정치, 경제와 같은 시사 문제에 대한 관심이 늘어난다. 더군다나 5학년은 논리력을 키워야 하는 시기다. 육하원칙에 맞춰 논리적으로 서술된 신문 기사들을 자주 접하다 보면 자연히 논리력을 키울 수 있다. 시사 문제에 대한 관심이 생기는 시기인 만큼 신문을 접할 수 있는 기회를 제공해 주자. 어려서부터 신문에 담긴 다양한 정보와 균형 잡힌 의견을 접하다 보면 사고력과 비판 의식이 성장한다.

신문 기사는 중요한 개념을 가장 알기 쉽게 설명하는 매체다. 기사의 바탕이 되는 사례가 있어 받아들이기 쉽고 이해력도 향상될 수 있다. TV와 달리 아이들은 신문에서 본 내용을 더 오래 기억하며, 읽으면서 비판적으로 사고한다.

1991년 미국 뉴욕 대학의 교수 2명이 뉴욕시의 초등학교 4~6학년 20개 학급을 대상으로 1년 동안 신문 읽기 수업을 진행한 결과 문장 독해 능력과 글쓰기 능력이 향상되었다고 한다. 2002년 한국언론재단에서도 신문 읽기 수업을 6개월간 진행한 결과 정보 검색 능력, 창의력, 글쓰기 능력, 독해력이 향상되었다고 발표했다.

이렇듯 신문 읽기는 새로운 정보를 주며 사회적 관심도 충족시킬 수 있다. 또한 신문을 통해 쌓인 지식은 수업의 이해도를 높여 주고 각종 시험에서 효과를 발휘할 수 있다. 이런 장점을 익혀 실력 향상으로 이어질 수 있도록 아이의 신문 읽기를 적극 도와줘야 할 것이다.

신문을 읽고 있을 때 아이가 다가와 관심을 보인다면 귀찮더라도 한두 장을 건네 신문에 친숙해질 수 있도록 한다. 처음에는 제목 위주로 보게 하는 게 좋다. 왜냐하면 아이들 수준에서 보면 기사는 글씨도 작고 내용도 어렵다. 헤드라인 가운데 관심 가는 기사만 가볍게 읽히고 조금씩 늘려 간다.

신문을 처음 접하는 아이라면 기사보다는 사진을 먼저 보게 하는 것이 좋다. 요즘 신문들은 섹션별로 기사가 구분되어 나오기 때문에 아이가 관심을 보이는 신문 섹션부터 도전해 보도록 한다.

기사를 보다가 어려운 어휘가 나오면 사전을 찾아보게 하고, 뉴스나 신문도 틀릴 수 있음을 인지시켜 어려서부터 비판 의식을 길러 주는 것이 바람직하다.

꾸준하게 신문을 읽으려면 신문 일기를 작성하는 것이 좋다. 일주일에 두 번 정도 신문 기사에 대한 자신의 생각을 정리하는 것이다. 기사를 여러 개 고른 후 그중 마음에 드는 기사에 대해 2~5문장 정도로 적어 보게 한다. 교과서 내용과 관련 있는 기사는 아이에게 친숙하므로 흥미를 끌 수 있다.

　시간을 오래 들일 필요는 없다. 아이와 함께 15~30분 정도면 충분하다. 부모는 신문 읽기를 통해 아이의 현재 관심사를 파악할 수 있고, 아이는 기사를 읽고 분석하는 과정에서 문제 해결력은 물론 의사소통 능력까지 쑥쑥 키울 수 있다.

2
수학
(수학/수학 익힘책)

O 단원별 핵심 포인트

5학년 아이가 가장 어려워하는 과목이 바로 수학이다. 하지만 지금 개념을 정확하게 해두지 않으면 6학년 수학은 손도 댈 수 없게 된다. 반대로 5학년 수학을 튼튼하게 해두면 6학년 수학을 오히려 쉽게 느낄 수도 있으므로, 시간이 걸리더라도 확실히 이해하고 넘어갈 수 있도록 하자.

수학은 시간과의 전쟁이기도 하다. 따라서 연산 능력이 떨어지면 지금뿐만 아니라 중·고등학교 수학 성적에도 영향을 미치게 된다. 풀이 과정을 다 알아도 계산 시간이 많이 걸린다든지 실수를 해서 오답처리되는 경우도 있다. 연산 능력이 모자라다면 무리하게 다른 공부를 시키지 말고 하루에 한 장이라도 꾸준히 연산 문제를 풀도록 하자.

5학년 수학 교과서를 보면 분수와 연관이 있는 단원이 절반 이상이다. 지금까지 자연수의 사칙연산만 해오다가 분수 부분이 갑자기 많이 나와서 부담이 될 수도 있다. 그런데 분수는 중학교 과정의 방정식이나 함수와 연결된다. 5학년에 이 연결 고리를 제대로 정리하지 않으면 수학 공부의 맥이 끊어진다.

도형의 경우, 평면 도형의 넓이를 구하는 공식이 등장한다. 단순히 공식을 암기하기보다는 그 이유를 이해하고, 다양한 방법으로 도형의 넓이를 구해보는 것이 좋다. 간혹 아이가 잘 이해하지 못하면 직접 오리고 만들어서 이해시키자. 다양한 직육면체 전개도를 그리고 오려서 붙여 보거나, 모눈종이를 이용해 점대칭 도형을 그려 보는 것도 좋은 방법이다.

4학년이 수학에 대해 심리적으로 불안한 시기였다면 5학년은 현실적으로 이겨 나가야 할 때다.

5학년 1학기

단원	학습 포인트
❶ 약수와 배수	약수와 배수의 정의에 대해 알아본다. 약수와 배수의 관계에 대해 알아본다. 공약수와 최대공약수에 대해 알아본다. 공배수와 최소공배수에 대해 알아본다.
❷ 약분과 통분	크기가 같은 분수를 만들어 본다. 분수 약분하기. 분수 통분하기. 분수의 크기를 비교해 본다.
❸ 분수의 덧셈과 뺄셈	진분수의 덧셈에 대해 알아본다. 대분수의 덧셈에 대해 알아본다. 진분수의 뺄셈에 대해 알아본다. 대분수의 뺄셈에 대해 알아본다. 세 분수의 덧셈과 뺄셈에 대해 알아본다.

단원	학습 포인트
❹ 분수의 곱셈	진분수와 자연수의 곱셈을 해본다. 대분수와 자연수의 곱셈을 해본다. 자연수와 진분수의 곱셈을 해본다. 자연수와 대분수의 곱셈을 해본다. 단위분수와 단위분수의 곱셈을 해본다. 진분수와 진분수의 곱셈을 해본다. 대분수와 대분수의 곱셈을 해본다. 세 분수의 곱셈을 해본다.
❺ 도형의 합동	합동인 도형의 성질에 대해 알아본다. 합동인 삼각형을 그려 본다.
❻ 직육면체와 정육면체	면, 모서리, 꼭짓점에 대해 알아본다. 직육면체와 정육면체에 대해 알아본다. 직육면체의 성질에 대해 알아본다. 직육면체의 겨냥도를 그려본다. 직육면체의 전개도를 그려본다.
❼ 평면도형의 넓이	평행사변형의 넓이 구하는 방법에 대해 알아본다. 삼각형의 넓이 구하는 방법에 대해 알아본다. 사다리꼴 넓이 구하는 방법에 대해 알아본다. 마름모의 넓이 구하는 방법에 대해 알아본다.
❽ 여러 가지 단위	넓이의 단위 m^2, a에 대해 알아본다. 넓이의 단위 ha, km^2에 대해 알아본다. 넓이의 단위 관계에 대해 알아본다. 무게의 단위 t에 대해 알아본다.

5학년 2학기

단원	학습 포인트
❶ 분수와 소수	분수와 소수의 관계에 대해 알아본다. 분수를 소수로 나타내 본다. 소수를 분수로 나타내 본다. 분수와 소수의 크기를 비교해 본다.
❷ 분수의 나눗셈	나눗셈을 곱셈으로 나타내 본다. 진분수÷자연수에 대해 알아본다. 가분수÷자연수에 대해 알아본다. 대분수÷자연수에 대해 알아본다. 분수와 자연수의 혼합계산을 해본다.

❸ 도형의 대칭	선대칭도형에 대해 알아본다. 점대칭도형에 대해 알아본다.
❹ 소수의 곱셈	소수×자연수를 계산하는 여러 가지 방법에 대해 알아본다. 소수×소수를 계산하는 여러 가지 방법에 대해 알아본다. 세 소수의 곱셈에 대해 알아본다.
❺ 소수의 나눗셈	몫이 소수 한 자릿수인 소수와 자연수의 나눗셈에 대해 알아본다. 몫이 소수 두 자릿수인 소수와 자연수의 나눗셈에 대해 알아본다. 몫의 자연수 부분이 0인 소수와 자연수의 나눗셈에 대해 알아본다. 자연수÷자연수를 소수로 나타내 본다. 몫을 반올림하여 나타내는 방법에 대해 알아본다.
❻ 자료의 표현과 해석	'줄기와 잎' 그림에 대해 알아본다. 평균에 대해 알아본다. 평균이 이용되는 경우에 대해 알아본다. 그림그래프에 대해 알아본다.
❼ 비와 비율	'비'의 뜻과 두 수를 비로 나타내본다. 비율과 비의 값에 대해 알아본다. 백분율에 대해 알아본다. 할푼리에 대해 알아본다.
❽ 문제 해결 방법	식을 세우거나 그림을 그려 문제를 풀어 본다. 예상을 확인하거나 표를 만들어 문제를 풀어 본다. 직접 해보거나 식을 세워 규칙을 찾으며 문제를 해결해 본다.

1. 호루스의 눈

 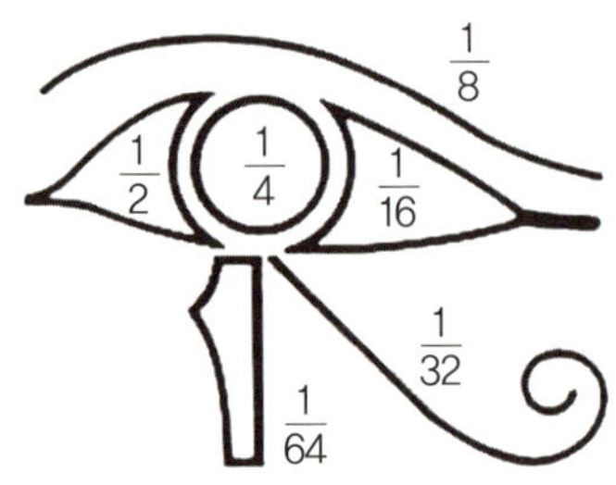

호루스는 고대 이집트 신화에 등장하는 하늘의 신이다. 이집트 문헌에 의하면 호루스의 오른쪽 눈은 '라의 눈'이라 불리며 태양을 상징하고, 왼쪽 눈은 '토트의 눈'으로 달을 상징한다. 이집트인들은 호루스의 눈이 지혜와 건강 그리고 번영을 가져다 주는 것으로 믿었고, 파라오의 왕권을 보호하는 강력한 상징으로 생각해 일찍부터 호신용 부적으로 널리 사용했다.

그런데 이 호루스의 눈에는 고대인들의 뛰어난 수학적 능력을 알 수 있는 비밀이 있다.

호루스의 눈은 모두 여섯 부분으로 구성되어 있다. 이 여섯 부분은 당시 바빌로니아인과 이집트인들이 주로 사용하던, 분자가 1인 분수의 상형문자다.

호루스의 눈에 표시된 하나하나의 부분은 1/64, 1/32, 1/16, 1/8,

1/4, 1/2에 해당한다.

분모를 통일해 보면 1/64, 2/64, 4/64, 8/64, 16/64, 32/64로 분자의 합은 63이다. 왜 이집트인들은 분수들의 합을 1로 만들지 않고 1/64 부족하게 만든 것일까?

하늘의 신과 땅의 신 사이에 태어난 '오시리스'의 아들인 호루스는 자신의 아버지 오시리스를 죽인 악마 '세트'와 격렬하게 싸움을 벌였다. 이 싸움에서 세트는 호루스의 한 눈을 뽑아 여섯 조각으로 나누어 이집트 전역에 뿌렸다. 보다 못한 신들은 그들의 싸움에 개입해 학문과 마법의 신인 '토트'를 시켜 눈을 다시 찾아오게 해 호루스를 치료했다. 그 후 그들은 이러한 호루스를 이집트의 왕이자 파라오의 보호신으로 만들었다. 그래서 호루스의 눈은 완전함, 밝은 통찰력, 풍요를 상징하게 되었다. 이집트 최고의 태양신이자 하늘의 신으로 존경받게 된 호루스의 눈은 토트 없이는 불가능했던 것이다. 때문에 이집트인들은 호루스의 눈을 찾아 모아 완전하게 만들어준 토트의 지혜에 1/64를 주었다.

1/64는 촉각, 1/32는 미각, 1/16은 청각, 1/8은 인간의 고유한 생각, 1/4는 시각, 1/2는 후각을 뜻한다고 한다.

2. 12간지와 최소공배수

간지는 '갑, 을, 병, 정, 무, 기, 경, 신, 임, 계'의 천간과 '자(쥐), 축(소), 인(호랑이), 묘(토끼), 진(용), 사(뱀), 오(말), 미(양), 신(원숭이), 유(닭), 술(개), 해(돼지)' 순서인 지지를 순서대로 한 글자씩 붙여서 만든 것이다.

천간	갑	을	별	정	무	기	경	신	임	…
지지	자	축	인	묘	진	사	오	미	신	…
육십 간지	갑자년	을축년	병인년	정묘년	무진영	기사년	경오년	신미년	임신년	…

그런데 천간은 10가지라 10년마다 돌아오고, 지지는 12가지라 12년마다 돌아온다. 가짓수가 같았다면 12개에서 끝났겠지만, 위의 표에서처럼 임신년 다음의 계유년이 지나면 천간은 처음 갑부터 시작하고 지지는 그대로 이어서 '갑술년'이 된다. 갑술년, 을해년 다음에는 지지가 '자'부터 시작하고 천간은 그대로 이어져 병자년, 정축년… 이렇게 새로운 이름이 계속 만들어진다. 하지만 끝도 없이 이어질 것 같은 간지도 결국 60에서 끝이 난다.

천간은 10년마다 반복되고 지지는 12년마다 반복되므로 두 수의 공통된 가장 작은 수, 즉 최소공배수인 60년 만에 한 번씩 돌아오게 되는 것이다. 만약 천간이 10가지가 아니라 6가지였다면 6과 12의 최소공배수가 12니까 12년마다 돌아올 것이다. 혹은 15가지 천간과 25가지 지지였다면 15와 25의 최소공배수가 75니까 75년마다 돌아왔을 것이다.

3. 단위의 중요성

미터(m), 킬로그램(kg), 리터(L) 등은 세계에서 공통적으로 사용하는 단위다. 각 나라마다 고유의 단위가 있어서 들쭉날쭉했던 것을 세계적으로 통일한 것이 표준 단위다. 이 표준 단위를 지키지 않아 우주선이

폭파되는 사고가 일어나기도 했다.

미국은 구식 단위로 길이는 야드(약 91㎝), 무게는 파운드(약 453g)를 오래 사용했다. 1999년, 미국항공우주국(NASA)은 화성의 기후를 조사하기 위한 탐사선을 발사했는데 착륙도 하지 못하고 폭발하는 사고가 있었다. 원인은 서로 다른 단위를 사용한 데 있었다. 탐사선 제작팀에서는 구식 단위인 야드를 사용해 정보를 제공했고, 조종팀에서는 이를 표준 단위인 미터로 착각했던 것이다. 고작 단위 하나 때문에 탐사선이 우주의 먼지가 되고 말았다.

물론 우리나라에도 구식 단위들이 많다. 대표적인 것이 무게를 나타내는 '근'이다. 보통 고기 한 근은 600g이고 과일 한 근은 400g이다. 또한 과자 한 근은 150g으로 물품마다 무게가 달라 불편하다.

얼마 전까지만 해도 넓이를 나타내는 '평(약 3.3㎡)', 금의 무게를 나타내는 '돈(3.75g)'이라는 단위를 사용했지만 2007년 7월부터 사용이 전면 금지되었다.

4. 타율 계산하는 방법

프로야구에서는 3할 타자면 좋은 선수로 인정받는다. 타율은 타자의 실력을 알 수 있는 대표적인 수치다.

타율은 쉽게 말해 안타를 칠 확률이다. 타율은 안타수를 타수로 나눈 값이다. 타수는 타석에 섰을 때, 볼넷이나 몸에 맞는 공, 희생타 등으로 온전한 타격 기회를 갖지 못한 경우를 뺀 횟수이다.

2010년 타율왕 이대호 선수는 총 478타수(552타석)에서 174개의 안타를 쳤다. 이대호 선수의 타율은 이렇게 구할 수 있다.

타율 = 안타수 ÷ 타수 = 174 ÷ 478 = 0.364

● 같은 문제를 계속 틀린다면

같은 실수를 되풀이하는 것은 문제 앞에서 불안해하고 긴장하기 때문이다. 자신이 어느 부분이 약한지 알고 있으니까 문제를 풀기도 전에 미리 겁부터 먹는 것이다. 그래서 다른 문제를 풀 때도 신경이 쓰여 집중하지 못하기도 한다. 자꾸 틀리는 문제는 몇 번이고 다시 풀어 완벽하게 이해하고 내 것으로 만들어야 한다.

아이의 수학 공부를 봐주다가 답답해하는 부모들이 많다. 아이가 설명을 이해하지 못하고 몇 번이나 풀어본 문제를 계속 틀려 속상하다고 말이다. 남의 애는 내 가슴을 치며 가르치고 내 애는 애 머리를 치며 가르친다고 하는데, 한 번쯤 내가 아이를 어떻게 가르치고 있는지 생각해 보자. 단원에 대해 설명해 주고 문제를 풀게 할 때, 설명한 문제를 아이가 다시 틀리면 어떻게 하는가? 다시 설명해 주기도 하고 또는 왜 설명해준 것을 틀리냐고 화를 낼지도 모르겠다.

초등학교 고학년이라고 하지만 5학년은 아직 열두 살 아이다. 설명 한 번 듣고 생전 처음 보는 문제를 척척 풀 수 있는 아이는 없다. 만약 문제를 틀렸다고 혼이 난다면 아이는 더 위축되고 자신감이 떨어질 것이다.

같은 문제를 계속 틀린다면 아이에게 뭐라 할 것이 아니라 다시 한 번 설명해 주고 아이가 실수하는 원인이 무엇인지 함께 찾아주어야 할 것이다.

단원의 개념이나 문제를 이해 못하는 아이들은 충분히 설명해 주고 문제를 많이 풀어 익숙해지면 잘하게 된다. 한두 문제로 안 되면 서너 문제를 풀면서 문제 유형을 익히면 된다. 그런데 계산에서 실수하는 아이는 좀 다르다. 이런 경우는 모든 문제 풀이에서 실수를 할 수 있기 때문이다.

단순 연산 학습지를 오래 한 아이들이 이러한 경우가 많다. 학습지는 비슷한 문제가 반복적으로 나오기 때문에 아이는 시간을 오래 끄는 문제를 답답해한다. 풀이 과정이 복잡한 것도 참지 못하고 즉각적, 자동적으로 답을 내는 데 길들어 있어서 문제를 서둘러 풀다 보니 답이 틀리는 일이 많은 것이다. 게다가 풀이 과정은 옳은데 계산이 틀린 것이라 생각해 대수롭지 않게 넘어가 버려서 수학 점수가 왜 안 오르는지 잘 모른다. 계산 실수를 하는 아이는 문제를 빨리 푸는 것이 아니라 정확하게 푸는 연습을 하도록 한다. 빨리 푸는 게 습관이 되면 실수도 많아져서 실력이 쌓이지 않는다.

문제를 푸는 주체는 아이다. 맞으면 기분 좋은 사람도, 틀리면 기분

나쁜 사람도 아이다. 물론 부모도 답답할 것이다. 같은 문제를 계속 틀리는 아이를 보면 화도 나고 다른 아이와 비교도 되며 우리 아이는 누구를 닮아서 이러나 싶기도 할 것이다. 그래도 아이만큼 상처받거나 힘들지는 않는다. 부모는 아이가 스스로 학습할 수 있을 때까지 곁에서 다독이며 아이의 자신감을 키워줄 최고의 응원군이다. 응원군이 옆에서 화를 내면 아이는 의욕도 자신감도 실력도 오르지 않는다. 아이와 함께 이유를 찾아보고 해결해 보자. 아직은 부모의 정성이 필요한 때다.

⭕ 문제집 한 권을 제대로

수학은 개념을 이해하고 나서 다양한 문제를 많이 풀어 봐야 하지만 무조건 문제집만 푼다고 좋은 결과가 나오는게 아니다.

간혹 교과서는 보지 않고 문제집만 푸는 아이들이 있다. 대부분 수학 공부를 제대로 하지 않는 아이들이 문제집부터 붙잡고 끙끙댄다. 문제집을 푸는 것은 공부가 아니다. 공부를 한 후에 문제집을 푸는 것이다.

모든 문제집은 교과서를 근간으로 한다. 교과서를 이해해야 문제집을 풀 수 있다. 특히 점수가 낮은 아이일수록 교과서로 공부해야 한다. 교과서 문제도 못 풀면서 문제집 문제를 푸는 것은 아무런 의미가 없다.

많은 문제집을 푸는 것보다 문제집 하나만이라도 완벽하게 풀 줄 알아야 한다. 틀린 문제를 다시 풀고, 오답노트를 만들고 정 안 되면 그 식을 외워서라도 여러 번 풀어 완전한 내 것으로 만들어야 한다. 지금은 지루하고 힘들지 몰라도 나중을 생각하면 역시 초등학교 때 힘든 것이 낫다. 중학교에 가서 수학의 기초를 잡으려면 어쩔 수 없이 초등학교 고학년 교과서까지 다시 봐야 한다. 아이에게 수학 선행학습을 시키는 부모들이 많은데, 그것보다는 교과서와 문제집 한 권이라도 제대로 풀 수 있도록 지도하는 편이 훨씬 낫다.

혹 자녀가 문제집을 풀 때마다 백 점이라든지, 문제를 보고 바로 푼다든지 한다고 '아, 내 아이가 수학을 잘하는구나' 하는 데에서 생각이 멈추면 안 된다. 그러면 아이의 수준도 거기에서 멈추게 된다. 같은 유형, 비슷한 수준의 문제만 계속 풀면서 100점 받는 것이 아닌지 확인해야 한다. 만약 그렇다면 아이의 수학 실력이 계속 제자리걸음만 하는 것이다. 그럴 때는 아이의 수준보다 높은 문제집을 한 권 더 풀도록 해 수학 실력을 높여야 한다.

효과 없는 공부법 가운데 하나가 적당한 수준의 문제를 반복해 푸는 것이다. 그러면 문제에 대한 면역력이 떨어져 시험 난이도가 조금만 높아도 좌절하게 된다. 자녀의 문제집 수준을 잘 확인하고 여러 종류의 난이도로 풀어보게 해보자.

그렇다고 겨우 반이나 맞을까 말까 한, 난이도 높은 문제집은 아이에게 부담만 된다. 수학에 대한 거부감을 일으키고 자신감을 떨어뜨린다. 초등 교사들은 70점 정도 받는 문제집이 가장 적정하다고 본다. 틀린 문제를 다시 확인하고 풀어 보면서 아이의 수학 실력이 오른다는 것이다.

　문제도 한꺼번에 너무 많이 푸는 것보다 조금씩 꾸준히 푸는 것이 좋다. 수학의 감을 유지시켜 주기 위해서다. 그러기 위해서는 부모도 문제집을 직접 채점해 아이의 수준을 늘 가늠하고 있어야 한다.

3

영어

○ 단원별 핵심 포인트

2012년부터 5학년 영어 교과서가 국정교과서에서 검정교과서로 변경되었다. 그래서 학교마다 공부하는 교과서는 달라졌지만, 교과서에서 다루는 지문과 단어의 수준은 거의 비슷하다.

이제 어휘력이 영어 실력을 결정짓기 시작하므로 교과서에 나오는 단어를 기초로 꾸준히 단어를 외우도록 한다. 학습 주제는 4학년 때 배운 다양한 상황이 좀 더 구체적이 된다. 그에 따른 단어와 표현, 문법 등을 명확히 이해하도록 한다.

❶ How's It Going?	안부 묻고 답하기(How's it going? / I'm good / Not so good. I have a fever.) 헤어질 때 인사하기(See you later. / Have a nice day!)
❷ What Day Is It?	요일이나 과목에 대해 묻고 답하기(What day is it? / It's Monday.) 격려하기(Don't worry.)
❸ Do You Want Some More?	음식 맛 표현하기(It's very delicious. / It's too hot.) 음식 권유하고 답하기(Do you want some more? / Yes, please. / No, thanks.)
❹ Where Is the Ball?	물건의 위치 묻고 답하기(Where is the bat? / It's behind the box.) 자신의 의견 말하기(I have no idea.)
❺ Whose Button Is It?	물건 주인 묻고 답하기(Whose cap is it? / It's mine.) 감사 표현하고 답하기(Thanks a lot. / No problem.)
❻ Can You Help Me?	도움 요청하기(Can you help me?) 감사 표현하기(How nice of you!)
❼ How Beautiful She Is!	감탄하기(How beautiful she is!) 묘사하기(She has big eyes.)
❽ What Time Do You Get Up?	일과에 대해 묻고 답하기(What time do you get up? / I get up at 7:00.) 약속 제안하기(How about 5 o'clock?)
❾ Did You See The Moon?	사실에 대해 묻고 답하기(Did you see the moon? / Yes, I did. / No, I didn't.) 칭찬하기(That's great!)
❿ Where Is the Music Room?	길 묻고 대답하기(Where is the science room? / It's on the second floor. / Go straight and turn left. / It's on your right.) 주의 끌기(Excuse me.)

⑪ May I Speak to Yuna?	전화 걸기 및 받기(Hello? This is Jinu. May I speak to Yuna?) 동의하기(That's a good idea.)
⑫ I Want to Be a Teacher	사실적 정보 묻고 답하기(What dose she do? / She's a doctor.) 원하는 것 묻고 답하기(What do you want to be? / I want to be a teacher.)
⑬ She Looks Happy	사람의 감정이나 상태 묘사하기(She looks happy.) 사실 확인하기(Aren't you hungry?)
⑭ May I Help You?	물건 사고팔기(May I help you? / I'll take it.) 대화 이어 가기(Pardon me?)
⑮ He's Making Pizza	사실 묘사하기(He's cutting pizza.) 표현 묻기(Did you say La Tomatina?)
⑯ Do you Know about Hanbok?	사실적 정보 묻기(Do you know about hanbok?) 지시하기(Throw the yut and move your game piece.)

⬤ 쉬운 영어 동화를 반복해서 읽어라

국어 공부를 할 때 어휘력이나 사고의 깊이, 표현력 등을 키워 주기 위해서 독서를 많이 시켜야 하듯, 영어의 어휘력이나 표현력을 키워 주려면 영어 책을 많이 읽혀야 한다. 특히 영어 동화책을 권한다. 영어 동화책은 부담감 없이 영어를 접할 수 있다는 장점이 있다.

아마 요즘 부모들은 어렸을 때부터 아이들에게 영어 동화책을 읽어 주는 등 영어와 접할 수 있는 기회를 많이 주었을 것이다. 그런데 영어 동화를 읽으면서 참아야 할 것이 있는데 책에 나오는 단어와 문장을 가르치려는 것이다. 예를 들어 'apple'이라는 단어가 나오면 그냥 "사과는 우리 영식이도 좋아하지?"라고 하는 것이, "apple은 사과야, 사과"라고 가르치는 것보다 낫다는 것이다. 그렇게 자연스럽게 읽은 영어 동화는 오랜 시간을 거쳐서 감각을 깨워주고 영어책을 가까이 하게 한다.

아이의 영어 수준을 고려해야 한다

아이가 읽는 동안 질리지 않도록 그림이 있는 동화가 좋고, 되도록 아이의 수준보다 높은 것과 쉬운 것을 한꺼번에 읽히는 것이 좋다. 쉬운 책을 보면서 미처 이해하지 못했던 표현이나 문법을 이해하기도 하고, 어려운 책을 보면서 새로운 어휘나 조금 더 복잡한 문형 등을 접할 수 있기 때문이다.

여러 권을 읽는 것보다 한 권을 반복해서 읽히는 것이 좋다

영어 동화 읽기를 하려고 동화책 전집을 사는 경우가 있는데, 전집보다는 한 권을 반복해서 읽히는 것이 좋다. 반복해서 읽으면 단어는 물론 자주 등장하는 좋은 표현들을 저절로 외울 수 있다. 그리고 이렇게 외운 표현들은 회화를 할 때 저절로 사용하게 된다.

어떤 학자는 한 단어를 서로 다른 문장에서 7번 만나면 완전히 습득하게 된다고 한다. 다시 말해 영어 동화를 반복해서 읽으면 굳이 힘들게 공부하지 않아도 어휘력뿐 아니라 고도의 언어 감각까지 얻을 수 있다는 것이다.

책 이외의 매체도 활용한다

영어 동화로만 공부한다면 아이가 지루해한다. 책 이외의 다른 시청각 매체가 있으면 함께 사용하도록 하자.

예를 들면 같은 내용의 책과 영화를 같이 보는 것이다. 그러면 책과 영화 속에 나오는 서로 다른 단어나 표현을 비교하면서 자연스럽게 다양한 영어를 접한다.

⬤ 영어 일기에 도전해 보자

쓰기는 말하기보다 더 고차원적인 언어 능력에 속한다. 따라서 영작은 연습이 많이 필요하다. 영작을 따로 공부하지 말고 영어 일기에 도전해 보기 바란다. 5학년 정도면 영어 일기 쓰기에 도전해도 전혀 무리가 없다. 그동안 쌓은 어휘력과 표현 등을 동원하면 제법 그럴싸한 일기를 쓸 수 있다. 게다가 영어 일기는 훌륭한 복습 방법이다. 일단 일기를 매일 쓰다 보면 아는 단어나 문장을 최대한 끌어내고 계속 반복하게 되므로 자기 것으로 만들 수 있다.

그런데 아이에게 "자, 오늘부터 영어 일기를 쓰자"라고 하면 부담을 가질 것이 뻔하다. 엄마 역시 어떻게 시작해야 할지 막막할 것이다.

처음에는 다른 사람이 쓴 쉬운 영어 일기를 베껴 쓰는 것부터 시작하자. 시중에 나와 있는 영어 일기의 예문을 참고해도 좋다. 문장을 베껴 쓴 뒤, 주요 단어만 바꿔 보는 연습도 좋다. 사전을 찾아 동의어로 바꿔보는 것도 좋은 방법이다. 표현을 다채롭게 하면 같은 단어나 표현들이 계속 등장하는 것을 피할 수 있다.

아마 처음에는 일기 내용이 아침에 일어나 학교 가고 공부하고 친구랑 노는 것 정도일 것이다. 그 정도면 된다. 처음부터 욕심 부리면 일기 쓰기가 부담이 될 수 있으니 큰 기대는 하지 않는 게 좋다. 단, 꾸준히 매일 쓰는 것을 잊지 말자. 그러다 보면 점점 쓰고 싶은 말이 늘어난다. 똑같은 생활이 아니라 감정이나 생각에 대해서도 쓰고 싶을 것이고 학교와 집 이외의 생활에 대해서도 쓰고 싶을 것이다. 그러기 위해서는 자연히 사전을 뒤지거나 교재를 뒤지며 공부하게 된다.

그리고 책에 나오는 영어 문장을 유심히 보게 된다. 나중에 영어 일기에 써먹기 위해서이다. 그렇게 메모하거나 쓴 문장은 의외로 쉽게 잊히지 않는다. 그냥 보는 것과 목적을 가지고 보는 것은 기억에 커다란 차이가 있기 때문이다.

4

과학

○ 단원별 핵심 포인트

5학년 과학은 기초 탐구 과정보다 통합 탐구 과정이 많아진다. 에너지, 물질, 생명, 지구과학으로 나뉜다. 내용이 어렵지만 직접 실험과 관찰을 통해 자연스럽게 습득하도록 도와주어야 한다.

5학년 1학기	
❶ 지구와 달	지구와 달의 모양과 환경에 대해 학습한다. 낮과 밤이 생기는 이유와 지구의 자전에 대해 학습하며, 달의 위치와 모양 변화에 대해 학습한다.
❷ 전기 회로	전기 회로를 꾸며 전구에 불을 켜본다. 전기가 통하는 물질과 통하지 않는 물질에 대해 알아본다. 전지 연결 방법에 따른 전구의 밝기에 대해 배운다.
❸ 식물의 구조와 기능	식물의 뿌리와 줄기, 잎의 구조와 하는 일에 대해 알아본다. 꽃과 열매의 구조와 하는 일에 대해 알아본다.

❹ 작은 생물의 세계	우리 주변의 작은 생물인 초파리, 곰팡이, 해캄, 장구벌레 등에 대해 학습한다. 직접 작은 생물을 키워 보고, 작은 생물이 우리 생활에 미치는 영향에 대해 알아본다.

5학년 2학기

❶ 우리 몸	뼈와 근육 그리고 각 기관이 하는 일에 대해 이해한다. 소화, 순환, 호흡, 배설, 감각 기관의 구조와 기능에 대해 학습한다.
❷ 용해와 용액	용해와 용액, 용질, 용매 등에 대해 학습한다. 용매의 종류와 양, 온도에 따라 용질이 녹는 양이 변하는 것을 학습한다.
❸ 물체의 속력	물체의 운동과 물체의 빠르기에 대해 알아보고 비교해 본다. 단위가 다른 물체의 속력을 비교하고, 물체의 속력과 우리 생활과의 관계에 대해 알아본다.
❹ 태양계와 별	태양계를 구성하는 행성들의 특징에 대해 학습한다. 별자리에 대해 학습하며 북두칠성과 북극성 등을 찾아본다.

○ 집에서 할 수 있는 과학 실험

실험 1 식물의 잎이 하는 일

준비물	되도록 넓은 잎이 많이 달린 식물, 작은 비닐봉지, 테이프
방법	1) 잎이 달려 있는 식물의 줄기 한쪽을 비닐봉지로 감싸고 테이프로 잘 붙인다. 2) 3~5일 정도 봉지 안의 변화를 관찰한다.
결과	봉지 안에 물방울이 맺힌 것을 확인할 수 있다. 식물의 뿌리가 흡수한 물이 물관을 따라 전해지고, 광합성 후 남은 물은 기체 상태로 잎 뒤쪽의 작은 구멍을 통해 나오기 때문이다.

<table>
<tr><td colspan="2">실험 2 지구가 둥근 이유 관찰하기</td></tr>
<tr><td>준비물</td><td>농구공, 종이배, 테이블, 테이프</td></tr>
<tr><td>방법</td><td>1) 농구공 위에 종이배를 테이프로 고정해 놓는다.
2) 테이블 위에 종이배를 올린 농구공을 올려놓고 천천히 밀거나 당겨 본다.
3) 책상 위에 종이배만 올려놓고 천천히 밀거나 당겨 본다.</td></tr>
<tr><td>결과</td><td>밀었을 때는 종이배 아랫부분이 먼저 사라지고 윗부분이 마지막에 사라진다. 당겼을 때는 종이배의 윗부분부터 나타나고 아랫부분은 나중에 나타난다.
책상 위에 종이배만 올려놓고 천천히 밀거나 당겼을 때, 밀면 종이배가 책상에서 멀어지다가 책상 끝으로 가면 갑자기 사라지고, 당겼을 때 종이배 전체 모양이 갑자기 보이게 된다.
위의 실험으로 지구가 둥근 모습이라는 것을 알 수 있다. 그 외에 지구가 둥글다는 것을 아이와 함께 이야기해 보자(인공위성에서 찍은 사진, 월식이 일어날 때 달에 비친 지구의 모양이 둥근 것 등).</td></tr>
</table>

<table>
<tr><td colspan="2">실험 3 산성비 만들기</td></tr>
<tr><td>준비물</td><td>은박접시, 은박컵, 성냥, BTB용액, 스포이트, 종이컵, PH 시험지, 물, 라이터</td></tr>
<tr><td>방법</td><td>1) 성냥을 한 개만 남기고 머리 부분만 잘라 은박 접시 안에 담는다.
2) 한 개 남은 성냥에 불을 붙여 은박 접시 안에 넣는다.
3) 불이 붙으면 남은 은박컵을 덮어 준다.
4) 불이 꺼지면 컵을 열고, 스포이트로 컵 안에 물을 열 방울 넣는다.
5) PH 시험지를 4번의 물에 찍어서 나타나는 색의 변화를 살펴본다.
6) BTB 용액을 스포이트로 두 방울 떨어뜨려 색을 관찰한다.</td></tr>
<tr><td>결과</td><td>덮었던 컵을 열고 PH시험지를 넣어 보면 산성일 때 반응하는 빨간색으로 변한다. BTB 용액을 떨어뜨리면 노란색으로 변한다. 연소하면서 생긴 기체가 역시 산성이라는 것을 알 수 있다.</td></tr>
</table>

※ 성냥을 태우면 이산화탄소 및 황분 등 유해한 가스가 생성되어 산성비와 비슷하게 만들 수 있다. BTB용액은 용액의 성질을 알려주는 지시약의 일종으로 산성일 때는 노란색, 중성일 때는 초록색, 염기성일 때는 파란색으로 변하는 성질이 있다. 산성비를 용액에 떨어뜨리면 산성성질인 산성비 때문에 노란색으로 변하게 된다.

실험 4 고무 동력 수레 만들기

준비물	일자 펀치, 플라스틱 음료수병 2개, 가위, 노란 고무줄 10개 정도, 클립, 셀로판테이프, 초, 나무젓가락, 철사(또는 에나멜선) 30cm, 고무망치, 칼, 고무판
방법	1) 플라스틱 음료수병 바닥에 구멍을 뚫는다. 2) 플라스틱 음료수병 2개 중 1개의 윗부분을 가위로 자른다. 3) 고무줄 4개를 서로 연결하고 한쪽은 클립, 다른 쪽은 철사를 연결한다. 4) 플라스틱 음료수병의 구멍에 철사를 통과시키고, 나무젓가락을 연결한다. 5) 셀로판테이프로 클립을 몸통에 고정시킨다.
결과	고무 동력 수레는 감았던 고무줄이 풀리는 힘으로 앞으로 나간다. 고무 동력 수레를 작동시키기 위해서는 나무젓가락을 일정한 방향으로 돌려야 한다.

○ 꼭 알아 두어야 할 과학 용어

5학년 과학, 실험 관찰을 읽다 보면 어려운 과학 용어들이 많이 등장한다. 용어를 잘 모르면 과학 공부는 점점 어려워진다. 따라서 최소한 교과서에 등장하는 과학 용어의 뜻 정도는 정확히 알고 있어야 한다.

5학년 1학기

❶ 지구와 달

그믐달 음력 27일 이후 달의 모습으로 그믐달은 새벽에 떠서 해가 뜨기 전까지 동쪽 하늘에서 관측할 수 있다.

남반구 북반구 지구를 적도를 중심으로 반으로 나누었을 때 남쪽을 남반구, 북쪽을 북반구라도 한다. 우리나라는 북반구에 위치하고 있다.

달 지구 주위를 도는 위성. 공기가 없고 지표면에 여러 개의 운석 구덩이가 있다.

대기 천체의 표면을 둘러싸고 있는 기

체. 공기를 달리 이르는 말.

보름달 음력 15일에 볼 수 있다. 오후 6시 즈음 동쪽에서 떠서 새벽에 서쪽으로 진다.

삼구의 지구, 태양, 달 등 3개의 천체로 만들어진 과학 기구. 달의 모양을 관찰할 때 쓰인다.

상현달 음력 7일경에 보이는 달로, 초승달에서 점점 차올라 오른쪽 반이 보이는 달이다. 초저녁에 남쪽에서 떠서 자정에 서쪽으로 지기 때문에 새벽에 관찰되지 않는다. 같은 상현달이지만, 북반구에서는 오른쪽 반이 보이고, 남반구에서는 왼쪽 반이 보인다.

방위 동서남북처럼 방향을 나타내는 말.

양력 태양을 기준으로 만든 달력.

온실효과 대기 중의 수증기, 이산화탄소 등이 지구에서 우주 공간으로 나가는 에너지를 흡수해 지구의 온도를 비교적 높게 유지하는 작용.

운석 우주공간으로부터 지표에 떨어진 암석.

음력 양력의 반대말로, 달이 뜨고 지는 시각과 모양이 약 30일 주기로 변하는 것을 이용하여 만든 달력.

자전 천체가 스스로 고정된 축을 중심으로 도는 것.

지구 인류가 살고 있는 천체. 태양에서 3번째로 가까운 행성이며 표면이 대기로 둘러싸여 있다.

지구본 지구의 모양을 본떠서 만든 모형.

천체 우주에 존재하는 물체.

초승달 한 달이 시작하는 즈음에 뜨는 달이라 하여 붙여진 이름이다. 음력 3일경 해가 진 후 서쪽 하늘에서 볼 수 있다. 초저녁에 서쪽에서 떠서 바로 지므로 새벽에는 관찰되지 않는다.

하현달 보름이 지나면 달의 오른쪽 부분부터 차츰 기울어져, 음력 21일에 볼 수 있다. 자정쯤에 떠서 한낮에 지기 때문에, 해가 뜬 이후로는 관측하기 어렵다.

행성 태양 주위를 도는 천체. 스스로 빛을 내지 못하고, 태양 빛을 반사하여 빛이 난다.

❷ 전기 회로

가전제품 가정에서 사용하는 전기 제품.

감전 전기가 흐르고 있는 물체에 손이나 신체 부위가 닿아서 순간적으로 충격을 받는 것. 사람이 죽거나 화상을 입을 수 있으므로 주의해야 한다.

교류 시간에 따라 크기와 방향이 주기적으로 바뀌어 흐르는 전류.

기호 어떠한 뜻이나 의미를 나타내기 위한 문자나 부호, 표지를 말한다.

누전 전기가 전깃줄 밖으로 새어 흐름.

반도체 평상시는 전기가 잘 통하지 않다가 특정 환경이 되면 전기가 통하는 물체. 실리콘, 게르마늄 등이 있다.

병렬연결 전기 회로에서 전지나 발전기, 축전기 등을 같은 극끼리 묶어서 나란히 연결하는 것.

전구 전류를 통하여 빛을 내는 기구.

전류 전기를 띤 입자가 흐르는 것으로 전류가 흐르면 전기 제품들이 작동한다.

전선 전류가 흐를 수 있게 만든 금속줄. 일반적으로 구리선에 고무줄을 감싸 만든다.

전지 전기 에너지를 저장했다가 다시 쓸 수 있게 만든 것.

직렬연결 전기 회로에서 전지나 발전기, 축전기 등을 서로 다른 극끼리 한 길로 연결하는 것.

직류 시간이 지나도 전류의 크기와 방향이 변하지 않는 전류.

회로 전류나 물 등이 흐르는 길.

❸ 식물의 구조와 기능

꽃의 구조
- 꽃잎: 꽃의 내부 기관을 둘러싸서 안에 있는 암술과 수술을 보호하는 부분.
- 암술: 꽃의 가장 안쪽 중앙에 위치하며, 암술머리, 암술대, 씨방의 세 부분으로 구성.
- 수술: 꽃잎의 바로 안쪽에 둥글게 배열되어 있고, 가늘고 긴 수술대와 꽃밥으로 이루어진 부분.
- 꽃받침: 꽃의 아랫부분에 있는 푸른색 잎 모양. 꽃이 자랄 때 꽃을 덮어서 보호하고, 꽃이 필 때 꽃을 받쳐 준다.

구조 어떤 물건이나 조직 전체를 이루고 있는 짜임새.

단면 물체의 잘라낸 면.

쌍떡잎식물 싹이 틀 때 떡잎이 2장 나오는 식물. 잎맥이 그물 모양이고, 원뿌리와 곁뿌리의 구분이 뚜렷하다.

성숙 생물의 발육이 완전히 이루어짐을 뜻한다.

수분 꽃가루받이. 꽃밥에서 만들어진 꽃가루가 암술머리로 옮겨지는 일이며, 꽃가루받이는 곤충이나 바람, 새, 물 등 여러 가지 방법을 통해 이루어진다. (예– 충매화, 풍매화, 조매화, 수매화 등)

수정 수분이 된 후 꽃가루가 씨방 속의 밑씨와 합쳐지는 것.

습도 공기의 습한 정도로, 공기 속에 포함되어 있는 수증기의 양.

씨방 식물에서 암술의 아랫부분에 있는 주머니 모양의 볼록한 부분으로, 속에 밑씨가 들어 있다.

아이오딘–아이오딘화칼륨 용액 아이오딘화칼륨 수용액에 아이오딘을 녹여 만든 갈색 용액으로, 녹말과 섞으면 반응을 일으켜 청남색으로 변하는 성질이 있기 때문에 녹말 검출 반응에 이용된다.

열매의 종류

- 참열매: 씨방 부분이 자라서 된 열매. 감, 복숭아, 귤, 토마토 등.
- 헛열매: 씨방 이외의 부분이 자라서 된 열매. 사과, 배, 딸기 등.

엽록체 잎의 세포 속에 들어 있는 색소체. 엽록소가 들어 있어 초록색이며 광합성을 하여 녹말을 만드는 부분.

외떡잎식물 싹이 틀 때 떡잎이 1장만 나오는 식물. 잎맥이 나란한 모양이고, 수염뿌리다.

유인 주의나 흥미를 일으켜 꾀어냄.

중탕 물질을 넣은 그릇을 끓는 물에 넣거나 띄워서 간접적으로 데우는 방법.

증발 액체가 그 표면에서 기체로 변하여 공기 중으로 날아가는 현상.

지지 붙들어서 버티게 함.

표피 동물이나 식물체의 표면을 덮는 세포층으로, 겉껍질을 말한다.

프레파라트 현미경의 표본이라고 하는 것으로, 생물체의 일부 조직이나 세포 등의 구조를 현미경으로 관찰하기 위해 준비하는 것.

피목 껍질눈이라고도 하며 식물 줄기에 있는 작은 구멍으로 공기의 통로가 된다.

흡수 빨아서 거두어들임.

❹ 작은 생물의 세계

감염 병원체인 미생물이 동물이나 식물의 몸 안에 들어가 증식하는 일.

광학 현미경 빛의 굴절을 이용하여 생물의 조직이나 미세한 세균 따위를 확대하여 관찰하는 장치.

군집 여러 생물이 한 지역에 살면서 유기적인 관계를 가지고 생활하는 모임.

누룩 밀이나 찐 콩을 굵게 갈아 반죽하여 띄운 것으로 술을 빚는 데 쓰인다.

사육 가축이나 짐승을 먹여 기름.

디지털 여러 가지 자료를 일정한 자릿수의 숫자, 또는 문자로 나타내는 방식.

물벼룩 타원형이며 몸이 투명한 껍질에 싸여 있다. 주로 연못과 같이 고여 있는 물에서 떼를 지어 살고 머리 앞쪽의 더듬이를 움직여 헤엄을 친다.

미생물 매우 작아서 눈으로는 볼 수 없는 생물.

발효 미생물이 자신이 가지고 있는 효소를 이용하여 생물을 분해시키는 과정. 분해 후 우리 생활에 유용한 물질을 만든다는 점이 부패와 다르다.

보호색 다른 동물의 눈에 띄지 않도록 몸이 주위의 색과 비슷하게 변하는 것.

생태계 어떤 지역에 살고 있는 모든 생물과 그 지역 내의 환경을 포함한 전체.

적응 일정한 조건이나 환경 따위에 맞추어 응하거나 알맞게 됨.

천적 잡아먹는 동물을 잡아먹히는 동물에 상대하여 이르는 말.

플라나리아 길고 납작하며 좌우 대칭형임. 머리 모양은 세모이고, 꼬리 쪽은 둥근 모양.

항생제 다른 미생물이 자라는 것을 선택적으로 억제하거나 죽이는 약제.

해캄 가늘고 긴 머리카락 모양으로 녹색을 띠며, 주로 고여 있는 물속에서 서로 한곳에 뭉쳐서 산다.

휴면 동식물이 활동을 활발하게 하지 않거나 발육을 정지하는 일.

❶ 우리 몸

기관 여러 종류의 조직이 모여서 특별한 기능을 나타내는 단위.

순환 주기적으로 자꾸 되풀이하여 도는 것.

골격 동물의 체형을 이루고 있는 뼈의 조직 또는 뼈대.

근육 뼈와 뼈를 연결하는 섬유 모양의 조직.

소화 음식물을 잘게 부수어 음식물 속의 영양소가 몸속으로 흡수될 수 있게 해 주는 과정.

배출 안에서 밖으로 밀어서 내보냄.

분해 여러 부분이 결합되어 있는 것을 낱낱으로 나누는 것.

심장 박동 심장이 주기적으로 오므라졌다가 부풀었다 하는 운동.

동맥 심장에서 나온 혈액이 지나는 혈관.

정맥 심장으로 들어가는 혈액이 지나는 혈관.

모세혈관 동맥과 정맥을 연결해 주는 혈관.

호흡 우리가 필요로 하는 산소를 들이마시고 이산화탄소를 몸 밖으로 내보내는 과정.

기관 목구멍에서 폐에 이르는 긴 관. 숨 쉴 때 공기가 흐르는 관으로 심장 위에서 좌우의 기관지로 갈라짐.

배설 우리 몸속의 노폐물을 몸 밖으로 내보내는 일.

노폐물 생체 내에서 물질 대사 결과 생기는 부산물이나 최종 산물 중 생물체에 불필요하거나 유해한 물질.

오물 지저분하고 더러운 물건

감각 눈, 코, 귀, 혀, 피부를 통하여 바깥의 어떤 자극을 알아차림.

자극 외부에서 작용을 주어 감각이나 마음에 반응이 일어나게 하는 일

말초신경 뇌와 척수의 바깥에 있는 신경을 통틀어 이르는 말.

골절 외부의 충격 등으로 인해 뼈가 부러지는 것.

타박상 맞거나 부딪쳐 생긴 상처.

나프탈렌 방충제. 물에 뜨며 고체에서 바로 기체로 변하는 성질이 있다. 물에는 녹지 않고 아세톤 알코올 등과 같은 유기용매에 잘 녹는다.

백반 섬유의 염색, 동물 가죽의 가공, 손톱에 봉숭아물 들이기, 사진 인화, 알루미늄 제조 등에 쓰이는 물질로 흰색이다.

붕산 색깔은 없고 광택이 있는 결정. 손으로 만지면 매끄럽다. 물에 녹으며 약한 산성으로 살균력이 있고 유리나 도자기의 유약을 만드는 원료로도 사용된다.

시트르산 구연산이라고 하며 과즙에 많이 들어 있고 신맛을 가지고 있어 청량음료의 신맛을 내는 데 사용된다.

증발 물의 표면에서 액체인 물이 기체인 수증기로 변하여 공기 중으로 날아가는 현상.

약포지 약국에서 조제한 약을 포장하는 종이.

용질 액체에 물질이 녹을 경우 녹는 물질을 말함(소금물 속의 소금을 용질이라 할 수 있다).

용매 액체에 물질이 녹을 경우 그 액체를 말함(소금물과 같은 용액에서 물을 용매라 한다).

용액 두 가지 이상의 물질이 골고루 섞인 혼합물.

용해 용매와 용질이 골고루 섞이는 현상, 즉 용매에 용질이 녹는 현상.

탄산칼슘 대리석이나 석회석, 조개껍데기 산호 등의 주성분으로 물에 잘 녹지 않는 무색의 고체. 치약 등의 원료.

인화성 불이 잘 붙는 성질. 보통 휘발성이 강한 액체가 갖는 성질.

휘발성 상온에서 액체가 기체로 날아가는 성질.

사해 이스라엘과 요르단 사이에 있는 호수. 강에서 호수로 물이 들어오기만 하고 나가지 않고 증발해 바다보다 소금기가 5배 강함.

측정 일정한 양을 기준으로 다른 것의 양을 재는 것.

요인 사건이나 현상의 원인이 되는 요소.

가설 어떤 이론이나 체계를 세우기 위한 가정으로, 가설이 증명되면 진리가 됨.

제산제 위산이 너무 많이 분비되었을 때 위산을 중화시켜 소화를 돕고 위벽이 상하는 것을 막는 약.

가속도 운동 속력이나 운동 방향이 변하는 것을 말한다. 가속도 운동을 한다는 것은 속력이 감소, 증가하거나 운동 방향이 변하는 것을 말한다.

등속운동 한 물체가 일정한 시간에 일정한 거리를 일정한 속력으로 이동하는 것을 말한다.

속력 물체가 단위 시간(1초, 1분, 1시간) 동안에 움직이는 거리.

동력 기계를 움직이게 하는 힘. 18세기에 산업혁명이 일어나면서 여러 가지 기계적인 동력이 개발되었다. 증기기관의 증기 동력, 내연기관의 내연 동력과 현재 가장 널리 쓰이는 전력이 개발되었고 원자력도 활용되고 있다.

수레 바닥에 바퀴를 달아 회전 운동으로 사람이나 짐을 나를 수 있게 만든 도구 · 수레의 바퀴는 2개 또는 4개가 보통이며, 1개의 바퀴로 된 손수레 같은 것도 있다.

운동 물체가 시간이 지남에 따라 그 위치를 바꾸는 일.

위치 일정한 곳에 자리를 차지함. 또 차지하고 있는 자리.

마찰 두 물체가 서로 닿아 비벼짐.

간이 간단하고 손쉽게 한 상태.

벼락 전기를 가진 구름과 구름 사이 또는 구름과 지표 사이에서 일어나는 급격한 방전 현상.

시속 1시간 동안 나아가는 거리로 나타낸 속도.

구간 어떤 지점과 다른 지점의 사이.

근접 가까이 접근함.

착시 모양, 크기, 길이, 빛깔, 방향 따위가 어떤 조건이나 상황으로 인해 실제와 다르게 보이는 일.

위성 행성 주위를 공전하는 천체. 달은 지구의 위성이다.

인공위성 지구나 우주에 있는 다른 천체 주위를 계속 회전하도록 만든 물체.

천체 우주 공간에 떠 있는 온갖 물체. 항성, 행성, 성단, 성운, 위성, 혜성, 우주의 먼지 따위를 통틀어 이르는 말.

태양계 태양과 태양 주위에 있는 것들이 운동하는 공간.

행성 태양 주위를 공전하여 스스로 빛을 내지 못하고 태양 빛을 반사하여 빛나는 천체. 태양계에는 수성, 금성, 지구, 화성, 목성, 토성, 천왕성, 해왕성이 있다.

별 밤하늘에 밝게 빛나는 것 중에서 스스로 빛을 내는 것.

혜성 밤하늘에 긴 꼬리를 나타내는 천체.

별자리 하늘에 있는 별을 지구에서 보이는 모습에 따라 이어서 어떤 사물을 연상하도록 이름을 붙인 것.

동심원 같은 중심을 가지며 반지름이 다른 두 개 이상의 원.

궤도 행성, 혜성, 인공위성 등이 중력의 영향을 받아 다른 천체의 둘레를 돌면서 그리는 곡선의 길.

북극성 작은곰자리의 가장 밝은 별. 천구의 북극에 가장 가깝고 위치가 변하지 않아 밤에 북쪽 방향의 지침이 됨.

성도 천구 위의 별자리를 평면 위에 나타낸 그림.

광년 천문학에서 천체 사이의 거리를 나타내는 단위. 1광년은 빛이 1년 동안 나아가는 거리.

공전 행성이 별 주위를 도는 것 또는 위성이 행성 주위를 도는 것.

전국 천문대		
연세대학교천문대	서울 서대문구 신촌동 134	02-2123-3439
자연과별천문대	가평군 북면 백둔리 122-3	031-581-4001
코스모피아천문대	가평군 하면 상판리 86	031-585-0482
연세대학교어린이천문대	고양시 일산동구 성석동 933-1	031-975-3245
누리천문대	군포시 대야미동 산 1-7	031-390-8674
안성천문대	안성시 미양면 강덕리 79-14	031-677-2245
송암천문대	양주시 장흥면 석현리 410-5	031-894-6000
중미산천문대	양평군 옥천면 신복리 117-1	031-771-0306
세종천문대	여주군 강천면 부평리 472-2	031-886-2200
경희천문대	용인시 기흥구 서천동 1	031-201-2470
국토정중앙천문대	양구군 남면 도촌리 96-5	033-480-2586
별마로천문대	영월군 영월읍 영흥리 산 59	033-374-7460
천문인마을	횡성군 강림면 월현리 352-2	033-342-9023
우리별천문대	횡성군 공근면 상창봉리 264-4	033-345-8471
대덕전파천문대	대전 유성구 대덕대로 838	042-865-3332

대전시민천문대	대전 유성구 신성동 7-13	042-863-8763
소백산천문대	단양군 단양읍 천동리 산 9-5	043-422-1108
고구려천문과학관	충주시 가금면 하구암리 산 108	043-842-3247
칠갑산천문대	청양군 정산면 마치리 526-3	041-940-2790
곡성섬진강천문대	구례군 구례읍 논곡리 829-2	061-363-8528
정남진천문과학관	장흥군 장흥읍 평화리 산 7	061-860-0651
만행산천문체험관	남원시 산동면 대상리 597-3	063-626-9009
김해천문대	김해시 어방동 산 2-80	055-337-3785
보현산천문과학관	영천시 화북면 정각리 689	054-330-6447
보현산천문대	영천시 화북면 정각리 산 6-3	054-330-1000
예천천문우주센터	예천군 감천면 덕율리 91	054-654-1710
서귀포천문과학문화관	서귀포시 하원동 산 70	064-739-9701

5

사회

○ 단원별 핵심 포인트

5학년 사회는 우리나라 역사에 대해 배운다. 역사는 자칫 어렵고 지루해지기 쉬운 부분이다. 게다가 선사시대부터 해방 이후까지를 한꺼번에 배우므로 더욱 어렵게 느껴질 수도 있다.

미리 우리나라 역사에 대한 책이나 학습만화 등으로 친숙하게 해두고, 유적지로 가족 나들이를 가는 것이 도움이 된다.

그리고 역사 부분이다 보니 생소한 단어, 특히 한자어가 많이 등장한다. 한자어를 풀이해 정확한 뜻을 이해하도록 훈련한다.

<table>
<tr><td colspan="2">5학년 1학기</td></tr>
<tr><td>❶ 하나 된 겨레</td><td>선사시대부터 통일신라와 발해까지 공부한다. 선사시대 사람들의 생활 모습, 고조선이 어떻게 세워졌는지와 고조선 사람들의 생활 모습을 알아본다. 삼국과 가야의 성립 및 발전 과정을 살펴보고, 신라의 삼국 통일과 발해의 건국 과정을 알아본다. 통일 신라와 발해 사람들의 생활 모습에 대해 학습한다.</td></tr>
<tr><td>❷ 다양한 문화를 꽃 피운 고려</td><td>후삼국 시대부터 고려 시대까지 공부한다. 고려의 후삼국 통일 과정과 고려의 발전 과정을 알아본다. 불교가 고려 사회에 준 영향에 대해 살펴보고 고려의 대외 관계와 무역 활동에 대해 알아본다. 고려 시대에 발달한 과학기술과 이로 인해 만들어진 문화재에 대해 알아본다.</td></tr>
<tr><td>❸ 유교 전통이 자리 잡은 조선</td><td>조선 시대 초기와 중기까지 공부한다. 조선 건국 과정과 조선의 도읍지인 한양의 모습을 살펴본다. 조선의 문화와 과학의 발달에 대해 알아보며, 유교의 전통과 생활 모습에 대해 알아본다. 임진왜란과 병자호란에 대해 알아본다.</td></tr>
</table>

<table>
<tr><td colspan="2">5학년 2학기</td></tr>
<tr><td>❶ 조선 사회의 새로운 움직임</td><td>병자호란 이후부터 개항 이전까지를 공부한다. 영조와 정조 시기의 사회 모습, 임진왜란·병자호란 이후 달라진 조선의 경제생활, 신분제도에 대해 공부한다. 조선 후기의 서민 문화 발달, 중국과의 교류를 통해 들어온 서양의 문물과 서학에 대해 알아본다.</td></tr>
<tr><td>❷ 새로운 문물의 수용과 자주독립</td><td>조선개항부터 일제강점기까지의 시기를 공부한다. 흥선대원군의 정치와 조선의 개항 과정을 알아보고, 조선의 개화 정책과 관련된 대표적인 사건들을 알아본다. 대한제국의 성립에 대해 알아보며, 개화기의 생활 모습을 살펴본다.</td></tr>
<tr><td>❸ 대한민국의 발전과 오늘의 우리</td><td>해방 이후 대한민국의 오늘날까지를 다룬다. 광복을 맞이한 이후 대한민국의 성립 과정, 대한민국의 민주화 과정과 경제 발전 과정, 대한민국이 앞으로 발전을 위해 나아가야 할 방향에 대해 알아본다.</td></tr>
</table>

유적지 답사는 사전 준비가 중요하다. 박물관 견학은 사전 준비 없이도 현장에서 얻을 수 있는 정보가 있지만, 유적지 답사는 사전 준비가 없으면 안 된다. 자칫 아무런 의미 없는 나들이가 될 수 있기 때문이다.

흔히 아는 만큼 보이고 보이는 만큼 느끼며 느낀 만큼 생각할 수 있는 게 유적지 답사라고 한다. 따라서 부모는 아이가 다양한 자료로 배경 지식을 쌓을 수 있도록 도와줘야 한다. 그것이 여의치 않다면 최소한 부모가 미리 배경 지식을 쌓아서 현장에서 설명해줄 수 있어야 한다.

학기	사회교과단원	견학장소
5학년 1학기	❶ 하나 된 겨레	경기도 연천군 전곡리 구석기 유적지 http://www.jgpm.or.kr 충청남도 공주시 석장리 박물관 서울 강동구 암사동 선사주거지 서울시 송파구 몽촌토성 · 역사관 국립중앙박물관 선사고대관 충청남도 공주지역 (국립공주박물관, 무령왕릉, 공산성) 충청남도 부여지역 (국립부여박물관, 정림사 터, 부소산성, 백제역사문화관, 능산리고분군) 경상북도 경주 (국립경주박물관, 대릉원, 안압지, 첨성대, 석굴암, 불국사)
	❷ 다양한 문화를 꽃피운 고려	국립중앙박물관 중근세관(고려실)
	❸ 유교 전통이 자리 잡은 조선	경북궁 경기도 여주

5학년 2학기	❶ 조선 사회의 새로운 움직임	(영릉, 신륵사, 명성황후 생가) 종묘
		창덕궁 수원화성 절두산순교박물관 실학박물관
	❷ 새로운 문물의 수용 과 자주독립	강화도 – 전등사 / 외규장각 운현궁 http://www.unhyeongung.or.kr 덕수궁과 정동일대 서대문형무소 역사관 http://www.sscmc.or.kr 백범김구 기념관 http://www.kimkoomuseum.org
	❸ 대한민국의 발전과 오늘의 우리	국립 4.19 민주묘지 http://419.mpva.go.kr

○ 사회 교과서 쉽게 읽기

교과서 내용이 어렵다는 아이들 대부분은 용어 자체를 이해 못 하는 경우가 많다.

사회 역시 교과서를 제대로 이해하려면 용어의 뜻을 정확히 알아야 한다. 용어를 알아야 무슨 말인지 이해할 수 있고 이해해야 공부도 할 수 있는 것이다.

이를 위해 사회 용어집을 만들어서 활용하면 좋다. 모르는 단어가 나올 때마다 정리하도록 하자. 보통 용어의 뜻은 교과서에서 소개하지만, 교과서에 나오지 않는 용어라면 사전 등을 찾아 정리하도록 한다. 그러면 아이는 나만의 사회 용어집을 가질 수 있다.

주의할 점은 자신의 언어로 표현해야 한다는 점이다. 무턱대고 사전을 그대로 옮기는 게 아니라 아이가 단어 뜻을 이해하고 재정리하는 것이 중요하다.

교과서를 쉽게 읽으려면 많이 읽어야 한다. 반복해서 읽으면 전체 체계가 확립되고 중요한 부분과 그렇지 않은 부분이 보이기 시작한다. 역사는 특히 원인과 결과가 뚜렷하므로 오히려 정리가 잘될 것이다.

사회는 '숲을 보는 과목'이다. 세세한 것에 신경 쓰다 보면 전체를 보지 못하는 경우가 있다. 우선 단원 주제를 확실히 알고, 무엇을 공부해야 하는지 학습 목표를 파악해야 한다. 역사의 경우 자잘한 사건을 외우느라 전체를 보지 못하면 각 사건들이 따로따로 흩어지고 시간의 흐름이나 시대의 분위기를 파악 못할 수도 있다.

사회가 암기 과목이라고 해서 주요 사건이나 인물을 외우는 데만 급급하지 말고, 한 발 뒤로 물러나 역사의 흐름을 읽는 법을 훈련하도록 하자. 우리나라 역사를 5학년 때만 배우는 것이 아니다. 중·고등학교에 가면 아예 따로 과목이 있다. 그러면 내용은 더욱 세밀하고 광범위해진다. 그것들을 모두 외워야 한다고 생각하면 덜컥 겁부터 날 것이다.

큰 흐름을 파악하다 보면 대부분 사건이 맞물려 있기 때문에 굳이 외우려 하지 않아도 이야기책을 본 것처럼 기억하게 된다. 단, 원인과 결과를 확실히 알도록 한다.

그리고 사진이나 그림처럼 다양한 시각 자료를 활용하는 것도 교과서를 읽는 데 도움이 된다. 역사책에 나온 유적이나 유물 사진을 출력해서 확인하거나 사극이나 영화, 박물관, 체험 학습 등도 유용하게 활용할 수 있다.

대입 시험에 우리나라 역사가 들어가네 마네 말이 많지만, 역사는 상식이다. 논술을 쓸 때도 인용해야 하고 영어 스피치를 할 때도 인용할 수 있는 부분이다. 인용하는 것만으로도 꽤 수준 높은 글을 쓸 수 있는 아이가 된다.

○ 많은 양을 쉽게 외우는 방법

사회는 대표적인 암기 과목이다. 더군다나 역사책이나 다름없는 5학년 사회는 외워야 할 것이 많다. 어떻게 효과적으로 많은 양을 암기하느냐에 따라 사회 점수가 오르락내리락하는 것도 당연하다.

일단 우리의 뇌는 암기량이 한정되어 있다. 또 많은 양을 외우려면 그만큼의 시간이 필요하다. 따라서 중요한 것을 먼저 외우고 난 다음에 상대적으로 덜 중요한 것을 외우는 것이 좋다. 그러기 위해서는 교과서에서 요점을 간추리는 훈련을 해야 한다.

아이와 함께 교과서를 읽으며 중요한 부분을 짚어 내자. 그리고 왜 중요한지 설명한다. 이 활동은 아무래도 독서력과 관련이 있다. 독서력이 좋은 아이들은 중요 내용을 가려내는 감각이 길러져 있어 별다른 어려움이 없지만, 그렇지 못한 아이들은 대부분 거의 모든 지문에 줄을 긋고 만다.

미국 노트르담대학 연구진이 학생들을 상대로 연구한 결과, 암기력도 시간대에 따라 효과가 다르다고 한다. 학생 A팀은 오전 9시에 단어를 외우게 하고 학생 B팀은 오후 9시에 단어를 외우게 한 후, 30분, 12시간, 24시간 뒤에 단어 시험을 치렀다. 그 결과 오후 9시에 단어를 외우고 잠을 잔 B팀이 12시간이 지난 후 치른 단어 시험에서 A팀보다 더 우수한 성적을 보였다. 24시간 이후 치른 단어 시험에서도 같은 결과였다.

다시 말해 잠들기 전에 외운 내용이 더 오래 기억에 남는다는 말이다. 암기하는 데는 반복이 효과적이지만, 시험 기간 등과 같이 짧은 시간에 많은 양을 암기해야 하는 상황이라면 오전보다는 오후에 암기하는 것이 더 큰 효과를 가져올 것이다.

특히 시험 기간에는 이것저것 보지 말고, 참고서를 단 한 권으로 정해 문제를 풀면서 새로운 내용이 나올 때마다 부족한 부분을 첨가하는 식으로 총정리해야 시간 낭비를 줄일 수 있다. 특히 역사는 원인, 배경, 과정, 결과를 교과서에 나와 있는 지도, 표, 사진 등과 연관해서 제대로 이해해야 응용문제나 비교 문제 등을 쉽게 해결할 수 있다.

　　그리고 무작정 암기 과목을 공부하는 데 집중하기보다는 중간에 다른 과목 문제를 한 문제 풀고 다시 암기 과목 공부를 해보자. 우리의 뇌는 계속적으로 같은 자극이 오면 만성이 되어 처음만큼 반응이 신통치 않게 된다. 따라서 뇌에 변화를 주는 것이 공부에 더 효과적이다.

6학년
교과서
따라잡기

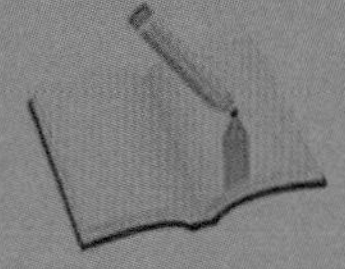

6학년은 중학 영어에 대비해야 할 시기다. 어휘, 말하기, 쓰기, 듣기는 물론 문법까지 영역별로 실력을 쌓아야 한다. 학교에서 다루는 교과서뿐만 아니라 검정 교과서 전체를 살펴보며 다양한 어휘와 표현을 학습하고 3~5학년까지 학습한 내용들을 정리해 보자. 또한 실용영어능력을 위한 말하기와 쓰기 연습도 꾸준히 하도록 한다.

1

국어
(듣기 · 말하기 · 쓰기/읽기)

○ 단원별 학습 포인트

6학년 국어 공부는 비문학 작품을 읽는 데 집중해야 한다. 특히 논설문, 연설문, 뉴스 등 논리성을 요구하는 글이 많이 나오므로 평소에 글을 읽으면서 글쓴이의 관점과 의도를 파악하고, 주장과 근거의 타당성 등에 대해 이야기하면서 논리적, 비판적 사고력을 기르도록 한다. 마인드맵을 그려 글을 구조화시키는 연습을 하면 도움이 된다.

6학년 1학기	
❶ 상상의 세계	**듣기 · 말하기 · 쓰기** 드라마의 특성에 대해 알아보고 이어질 내용을 예측해 본다. **읽기** 시, 동화, 희곡의 특성을 생각하며 작품을 읽어 본다.

❷ 정보의 이해	**듣기 · 말하기 · 쓰기** 조사한 내용을 분류하는 방법을 익히고, 이를 바탕으로 글을 써본다. **읽기** 글쓴이의 관점을 파악하는 방법을 알고 글을 읽어 본다.
❸ 다양한 주장	**듣기 · 말하기 · 쓰기** 학습 상황에서 토의할 때의 절차를 알아본다. **읽기** 논설문의 특성을 알아보고 논설문의 특성을 생각하며 글을 읽어 본다.
❹ 나누는 즐거움	**듣기 · 말하기 · 쓰기** 비공식적 자리와 공식적 자리에서 인사말 하는 방법을 알아본다. **읽기** 글쓴이가 추구하는 가치를 파악하는 방법을 알고 글을 읽어 본다.
❺ 사실과 관점	**듣기 · 말하기 · 쓰기** 뉴스의 특성과 짜임을 알아본다. **읽기** 글쓴이의 의도나 목적을 생각하며 글을 읽어 본다. 고유어, 한자어, 외래어, 외국어에 대하여 알아본다.
❻ 타당한 근거	**듣기 · 말하기 · 쓰기** 연설문 내용을 정리하는 방법을 알아본다. **읽기** 글을 읽고 이어 주는 말에 대하여 알아본다. 주장과 근거의 연결 관계를 생각하며 글을 읽는다.
❼ 문학의 향기	**듣기 · 말하기 · 쓰기** 시를 이야기로, 이야기를 희곡으로 바꾸어 써본다. **읽기** 비유적 표현의 효과를 알고 비유적 표현의 효과를 생각하며 이야기를 읽어 본다.
❽ 함께하는 마음	**듣기 · 말하기 · 쓰기** 상대방을 배려하는 말하기가 필요한 까닭을 알아본다. **읽기** 웃음을 주는 글의 특성을 알아본다. 재미있는 표현을 생각하며 작품을 읽어 본다.

<table>
<tr><td colspan="2">6학년 2학기</td></tr>
<tr><td>❶ 문학의 삶</td><td>듣기·말하기·쓰기
기행문에 대해 알아본다.

읽기
시, 동화를 읽고 인물들의 갈등을 파악해 본다.</td></tr>
<tr><td>❷ 정보의 해석</td><td>듣기·말하기·쓰기
면담의 특성에 대해 알아보고 면담 계획을 세워 본다.

읽기
글쓴이의 관점과 의도를 생각하며 글을 읽는다.</td></tr>
<tr><td>❸ 문제와 해결</td><td>듣기·말하기·쓰기
뉴스의 사회적 기능에 대해 알아본다.
뉴스 취재 계획을 세울 때 고려할 점에 대해 알아본다.

읽기
글쓴이가 주장하는 내용이 무엇인지 알아본다.</td></tr>
<tr><td>❹ 마음의 울림</td><td>듣기·말하기·쓰기
축하 글에 대해 알아본다.
축하하는 글을 쓸 때 주의할 점에 대해 알아본다.

읽기
웃음을 주는 글의 효과에 대해 알아본다.</td></tr>
<tr><td>❺ 언어의 세계</td><td>듣기·말하기·쓰기
문장의 호응 관계에 대해 알아본다.

읽기
글쓴이의 의도나 목적을 파악하며 글 읽는 방법에 대해 알아본다.</td></tr>
<tr><td>❻ 생각과 논리</td><td>듣기·말하기·쓰기
선거 유세의 특징에 대해 알아본다.
선거 유세에서 주장과 근거의 적절성을 판단하는 방법에 대해 알아본다.

읽기
논설문을 읽어야 하는 이유와 읽을 때 주의할 점에 대해 알아본다.</td></tr>
</table>

듣기 · 말하기 · 쓰기
반어적 표현과 비언어적 표현에 대해 알아본다.
등장인물의 성격을 알맞게 표현하는 방법에 대해 알아
본다.
읽기
문학작품의 특성에 대해 알아본다.

○ 논리적 글쓰기 연습

6학년 아이들은 대부분 논리형성기에 놓여 있다. 주장에 따른 근거를 어떻게 제시하는지 요령을 배우고 스스로 논리를 전개하는 능력을 갖추기 시작한다. 그렇기 때문에 이 무렵의 아이들은 어른처럼 품위 있고 논리적으로 말하려 한다. 하지만 대부분의 아이는 자신의 주장을 뒷받침할 수 있는 '중심 근거'와 이를 뒷받침하는 '보조 근거'의 제시를 어려워한다. 이를 위해서는 많은 연습이 필요하다. 그 연습 가운데 하나가 바로 논리적 글쓰기 연습이다.

> 대부분의 아이는 자신의 주장을 뒷받침할 수 있는 '중심 근거'와 이를 뒷받침하는 '보조 근거'의 제시를 어려워한다.

논리적인 글쓰기란 다른 사람이 이해할 수 있도록 자신의 견해나 의견의 정당성을 피력하는 글쓰기다. 그렇기 때문에 논리적인 글을 쓰려면 누가 읽을 것인지 생각해야 한다. 일기처럼 혼자서만 보는 글은 굳이 논리적일 필요가 없다. 하지만 다른 사람이 읽을 글은 논리적이어야 한다. 독자가 글쓴이의 주장을 이해하도록 해야 하고 그 주장이 독자에게 설득력을 발휘해야 한다.

독자를 설득시키기 위해 글을 쓸 때는 글의 주제와 목적을 명확히 하고 무슨 말을 하고 싶은지 정리하는 것이 중요하다. 문장의 앞뒤가 잘 맞지 않는다면 그것은 쓰고 싶은 것을 제대로 정리하지 못했기 때문이다. 따라서 글을 쓸 때는 주제를 먼저 명확히 하고 주장, 데이터, 논거를 정리해야 한다.

글을 쓰기 전에 주장과 논리의 전개 과정을 메모해서 간단하게 표현해 보면 좋다. 이 과정을 거치면 머릿속이 정리되어 글을 쓸 준비가 된다. 주장이나 논거 등이 명확하지 않으면 글을 계속해서 고쳐 써야 하므로 글을 진전시키기 어렵다. 몇 줄 쓰고 읽어볼 때마다 앞뒤가 맞지 않는 부분이 발견되기 때문에 수정만 되풀이하게 된다. 이런 일을 피하기 위해서는 글을 쓰기 전에 전체 구성을 생각해 두어야 한다. '도입-주장-논거-주장의 정리'를 하나의 공식처럼 외워 두도록 하자.

논제를 정할 때는 누구나 관심을 가질 만한 문제를 다루도록 한다. 사회에서 논의될 만한 가치가 있고 아직 해결되지 않은 것이어야 한다. 논제를 연구하고 증거를 수집할 때는 자신의 견해를 잘 정리하면서 다른 사람의 견해도 살펴 논거 자료로 쓸 계획을 세운다. 자료 수집은 문헌 조사, 현장 조사, 문의와 사고의 과정을 거친다.

논리적인 글은 대부분 기본 구성이 서론·본론·결론의 형식을 따른다. 서론은 본론을 예고하는 출발점이므로 읽는 이의 관심을 끌 수 있도록 인상적인 구성과 표현을 한다.

본론은 논점에 대한 단정과 그에 대한 논증의 두 단계를 거친다. 자신의 견해가 드러나게 쓰되 주장에 머물러서는 안 된다. 그 주장을 이해하게 하려면 주장의 이유와 근거가 제시되어야 한다. 이를 위해 필수적으로 논증하는 절차를 거친다. 논증이란, 사물의 옳고 그름을 밝히는 일이다. 논증에서 무엇보다 중요한 것은 논리적인 근거를 내세워 분명하게 확증시키는 것이다.

결론에서는 본론에서 전개한 논점들을 종합하여 요약하고 반복 강조하며 실천을 촉구한다. 요약과 실천을 촉구하는 문장은 간결하고 강렬한 인상을 주어야 한다.

좋은 글을 쓰려면 좋은 글 읽기도 중요하다. 신문 사설이나 칼럼은 논리적인 글의 대표격이라 할 수 있다. 사설과 칼럼은 보통 설명을 한 뒤 그에 대한 평가를 내리고 대응 방안을 제시하는 구성 방식이다. 단, 칼럼에는 자유롭고 수필적인 요소가 가미되는 특징이 있다. 사설에 비해 분량이 길기 때문에 일화를 끌어들이거나 인용을 통해 독자의 관심을 유도한다.

사설과 칼럼을 읽을 때는 비판적인 시각에서 바라보는 것이 좋다. 주제 설정을 올바르게 했는지, 글쓴이의 시각과 주장의 실현 가능성이 있는지 그리고 논리의 비약이나 모순은 없는가를 살펴보는 것이다. 이러한 비판적 시각을 바탕으로 관련 기사를 찾아 읽어 보고 주제문을 작성해 보거나 사설을 읽고 주제와 논거를 찾아보는 훈련을 하면 논리적 글쓰기에 많은 도움이 될 것이다.

2

수학
(수학/수학 익힘책)

6학년이 되면 확률, 방정식, 비례와 같은 새로운 개념을 배우게 된다. 또한 중학교 수학에 대비해 자연수·분수·소수의 연산 연습을 충분히 해두도록 한다. 선행학습도 중요하지만, 그전에 이전 학년에서 애매했던 개념이 있다면 완벽하게 알고 넘어갈 수 있도록 한다.

6학년 1학기	
❶ 분수의 나눗셈	자연수÷단위분수, 자연수÷진분수에 대해 알아본다. 분모가 같거나 다른 진분수, 대분수의 나눗셈을 한다. 분수의 나눗셈을 활용한다.
❷ 소수의 나눗셈	소수 한 자릿수÷소수 한 자릿수에 대해 알아본다. 소수 두 자릿수÷소수 두 자릿수에 대해 알아본다. 자릿수가 다른 두 소수의 나눗셈을 한다.

❸ 각기둥과 각뿔	입체도형과 각기둥, 각뿔에 대해 배운다. 각기둥과 각뿔의 전개도에 대해 배운다.
❹ 여러 가지 입체도형	쌓기 나무로 만든 입체도형을 보고, 쌓기 나무의 개수를 알아본다. 여러 방향에서 본 모양을 알아본다.
❺ 원주율과 원의 넓이	원주와 원주율의 의미, 구하는 방법을 알아본다. 원의 넓이를 구하는 방법에 대해 알아본다.
❻ 비율 그래프	띠그래프·원그래프를 보고 정보를 읽는 방법에 대해 알아본다. 띠그래프·원그래프 그리는 방법을 알아본다.
❼ 비례식	비의 성질에 대해 알아보고, 비의 값이 같은 것을 찾는 방법을 알아본다. 가장 작은 자연수의 비에 대해 알아본다. 비례식의 성질을 알아보고, 비례식 푸는 방법에 대해 알아본다. 비례식의 다양한 활용에 대해 알아본다.
❽ 연비와 비례배분	두 비의 관계를 연비로 나타내는 방법을 알아본다. 비례배분이 무엇인지 알아보고, 연비로 비례배분 하는 방법에 대해 알아본다.

6학년 2학기

❶ 분수와 소수의 혼합계산	분수÷소수, 소수÷분수의 혼합 계산을 해본다. 분수와 소수의 혼합계산을 해본다.
❷ 원기둥과 원뿔	원기둥의 성질에 대해 알아본다. 원뿔의 성질과 회전체의 성질에 대해 알아본다. 구와 회전체에 대해 알아본다.
❸ 직육면체의 겉넓이와 부피	직육면체의 겉넓이와 부피를 구하는 방법에 대해 알아본다. 부피의 큰 단위를 알아본다. 부피와 들이 단위 사이의 관계를 알아본다.

❹ 원기둥의 겉넓이와 부피	기둥의 겉넓이와 부피 구하는 방법을 공부한다. 이를 바탕으로 여러 가지 복잡한 입체도형의 부피를 구해 본다.
❺ 경우의 수와 확률	경우의 수에 대해 알아본다. 두 가지 일이 동시에 일어나는 경우의 수에 대해 알아본다. 여러 가지 경우의 수 구하기. 확률에 대해 알아본다.
❻ 방정식	중학교 과정에서 내려온 과정으로, 미지수를 이용하여 방정식을 푼다. 등식의 성질을 이해하고 이를 이용해 방정식을 푼다.
❼ 정비례와 반비례	정비례와 반비례의 개념을 이해하고 대응 관계를 식으로 나타내 본다.
❽ 문제해결 방법 찾기	그림을 그리거나 식을 세워 문제 해결하기 등 문제 해결하는 방법에 대해 알아본다.

◯ 수를 직접 체험해 보자

1. 파스칼과 확률

프랑스의 수학자 파스칼에게 친구가 편지를 보냈다.

"솜씨가 비슷한 두 사람이 32피스톨(옛날 화폐 단위)을 걸고 내기를 하고 있다네. 먼저 3번 이기면 64피스톨 모두를 가지기로 했는데, 부득이한 사정으로 한 사람이 2번, 다른 한 사람이 1번 이긴 상태에서 시합이 중단되었어. 그러면 이 64피스톨을 어떻게 분배해야 하는 건가?"

파스칼의 답장은 다음과 같았다.

"2번 이긴 사람을 A라 하고 1번 이긴 사람을 B라고 했을 때, 64피스톨을 받으려면 A는 한 번만 이기면 되고, B는 두 번을 이겨야 하네.

만약 한 번 더 경기에서 A가 이기면 64피스톨을 받고, A가 지면 두 사람은 동점이 되어 32피스톨씩 가지게 되지. 따라서 어떤 경우든 A는 32피스톨을 받게 되어 있어. 다시 또 경기를 한다면 A가 이길 가능성이 반반이므로 나머지 32피스톨을 반으로 나누면 16피스톨이 되기 때문에 A는 32피스톨에 16피스톨을 더한 48피스톨을 받고 B는 16피스톨을 받는 것이 타당하네.”

이 편지를 주고받으면서 파스칼은 확률 이론을 깨닫게 되며 그 유명한 '파스칼의 삼각형'이란 이론을 만들었다. 이런 모양은 원래 중국인에 의해 만들어졌지만 파스칼이 체계적인 이론을 만들어 파스칼의 삼각형이라 부르게 되었다.

파스칼의 삼각형이란 자연수를 삼각형 모양으로 배열한 것으로, 삼각형에서 각 행의 맨 처음과 끝은 항상 1이다. 그리고 그 사이의 수들은 바로 위의 행 왼쪽과 오른쪽에 있는 두 수의 합이 된다.

이 파스칼의 삼각형으로 17세기에서 18세기에 걸쳐 확률론이 점차 발달하게 되었다. 또한 이항정리에 활용되고 있다.

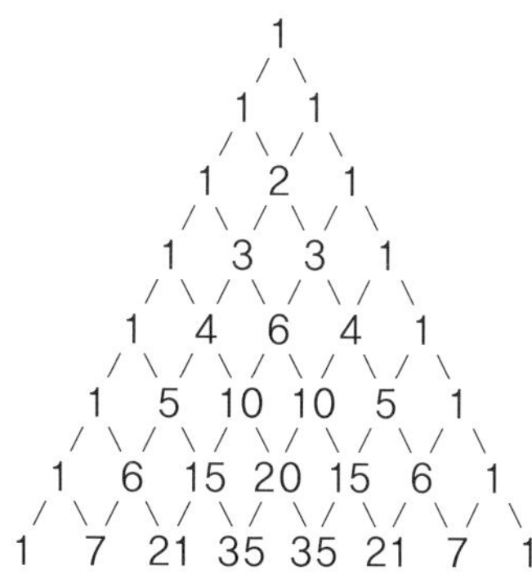

2. 낙타 나누기

아주 먼 옛날 낙타를 기르는 노인이 살고 있었다. 그 노인에게는 낙타 17마리가 있었다. 노인이 나이가 들어 죽을 때가 되자 아들 셋을 불러 놓고 말했다.

"애들아, 잘 들어라. 내가 가지고 있는 17마리의 낙타 가운데 1/2은 첫째에게, 1/3은 둘째에게, 1/9은 막내에게 주겠다."

그 말을 마지막으로 노인은 숨을 거두었다.

세 아들은 깊은 슬픔에 빠졌지만 동시에 큰 고민에 빠지기도 했다. 노인의 유언대로라면 낙타를 1/2, 1/3, 1/9씩 나누어서 가져야 하는데, 17은 도저히 그 분수로 나누어지지 않았기 때문이다.

아들들이 고민하고 있을 때 그 옆을 지나가던 꼬마가 이렇게 말했다.

"뭐가 걱정이세요? 아저씨들이 가지고 있는 낙타 17마리에 제가 갖고 있는 낙타 1마리를 더하면 해결되잖아요."

세 아들들이 어리둥절해하자, 꼬마는 생글생글 웃으며 말을 이었다.

"잘 보세요. 17마리에 1마리를 더하면 모두 18마리가 되죠? 그럼 큰형님께서는 18마리의 1/2인 9마리를 가지면 되고, 둘째형님께서는 18마리의 1/3인 6마리를 가지면 되고, 셋째형님께서는 18마리의 1/9인 2마리를 가지면 되죠. 그리고 1마리가 남는데 그건 원래 제 낙타고요."

꼬마의 계산법은 그럴싸해 보이지만, 이 문제는 처음부터 함정이 있었다. 1/2 + 1/3 + 1/9 = 17/18로, 원래부터 성립하지 않은 계산식이다. 이 이야기는 옛날 이집트인이 분자가 1인 단위분수 만들기를 좋아하면서 생겨난 수학 이야기라고 한다.

3. 우리 주변의 도형들

수학에서 가장 완전한 도형은 원이다. 원은 수많은 도형들 가운데 최소의 길이로 최대의 공간을 만들 수 있고, 지름을 지나는 무수히 많은 직선에 대해 대칭이다. 맨홀 뚜껑이 원인 것도 원의 지름이 어느 방향이나 똑같기 때문에 구멍에 빠지지 않기 때문이다. 사각형이나 삼각형은 대각선 방향이 변보다 길기 때문에 자칫 뚜껑이 맨홀 속으로 빠질 수 있다.

원기둥도 마찬가지다. 원기둥은 사각기둥 모양보다 재료를 적게 들여서 만들 수 있고, 더 많은 양을 담을 수 있다. 게다가 물을 마실 때도 네모 모양은 옆으로 물을 흘리기 쉽고, 세모 모양은 뾰족해서 마시기가 불편한데 원기둥 모양은 훨씬 안전하다.

그런데 원기둥 무리는 그다지 경제적이지 않다. 원기둥 안의 공간은 크지만 기둥 사이사이에 틈이 생긴다. 그래서 벌집은 육각형이다. 최대한 원에 가깝고 닿는 면이 꼭 맞기 때문에 벌집은 튼튼한 정육각형으로 만들어지는 것이다.

정육각형은 정오각형과 만나 구를 만든다. 축구공을 살펴보자. 보통의 축구공은 가죽 조각 32개로 이뤄졌다. 그렇다면 축구공에서 정오각형 모양과 정육각형 모양 가죽은 각각 몇 개일까? 직접 세어보면 정오각형 모양 가죽이 12개, 정육각형 모양 가죽이 20개인 것을 알 수 있다.

축구공 가죽면의 개수를 줄이면 만드는 과정이 단순해지고 경제적이라고 한다. 그 외에도 과학적으로 공의 회전과 반발력에도 영향이 있다. 그래서 2006년 월드컵부터 축구공의 가죽 조각 개수가 줄어들기 시작했다. 2002년 월드컵 공인구는 32개, 2006년 월드컵 공인구는 14개, 2010년 월드컵 공인구는 8개다.

○ 중학교까지 이어지는 초등 수학 개념

초등 수학의 목표는 수학적인 기본 원리를 익혀 실생활에 도움이 될 수 있도록 하는 것이다. 반면 중학교 수학은 초등 수학보다 구체적인 수학 개념과 원리, 더 나아가 기본 개념을 응용할 수 있는 능력을 키우는 데 중점을 두고 있다. 즉, 추상적 수학으로 들어가는 단계이므로 더 깊이 있는 내용을 배우게 된다. 게다가 교과서 서술 방식도 달라져서 초등학교 때와는 달리 고차원적인 수학적 개념과 원리를 제대로 파악하고, 본인의 방식으로 습득하고 익히는 습관을 들이는 것이 중요해진다.

현재 수학 교육 과정의 영역들은 초등학교부터 고등학교까지 공통적으로 적용된다. 중학교 수학은 초등학교와 동일한 개념에서 영역의 범위가 늘고 어려워지므로, 초등학교 때 개념을 확실히 익히면 추론으로 고등학교 문제까지 풀 수 있다는 결론이 나온다.

예를 들면 초등학교 수학에 도형이 나온다. 삼각형이 나오고 원이 나온다. 중·고등학교에서도 도형을 배우며 내용도 전혀 바뀌지 않는다. 초등학교에서 배운 합동조건은 중학교의 합동조건과 똑같고 도형의 넓이와 부피 구하는 공식도 완전히 똑같다. 다시 말해 초등 과정을 완전히 익힌 뒤에 중등 과정을 선행으로 익힌다면 심화 학습은 저절로 성취될 것이다. 그런데 심화한다는 이유로 이론 몇 개만 제시하고 어려운 문제를 억지로 풀게 하면 원리를 터득하지 못한다. 초등 과정을 무시한 채 무조건 선행학습을 한다고 성적이 오르는 것도 아니다. 초등과정은 '쉬운 것'이 아니라 가장 '기초가 되는 것'이다. 기초를 무시하고 좋은 성적을 올릴 수는 없다.

중학교 수학 시험에서 30퍼센트 정도는 서술형으로 출제된다. 초등학교 때와는 달라진 문제 유형 때문에, 수학 문제가 5줄 이상이면 아예 문제를 읽지 않고 포기하는 아이도 생긴다. 공부 좀 한다는 아이도 서술형 문제를 틀려 70점 정도밖에 못 받는 일도 있다. 이제 수학은 단순히 공식으로 문제를 푸는 것이 아니다. 어휘력과 이해력, 논리력 등 다양한 능력이 필요하다. 따라서 초등 수학과는 달리 문제를 정확하게 이해하고 논리적으로 문제를 풀어 나가는 연습이 중요하다.

서술형 문제에 대비하려면 문제를 풀 때 연습장에 풀이 과정을 정성 들여 쓰는 연습을 꾸준히 해야 한다. 수학 기호를 정확히 쓰지 못한다면 풀이 과정을 말로 풀어 쓰는 연습을 하는 것도 좋다. 지금부터라도 문제의 풀이 과정을 자세히 서술하는 연습을 해두면 도움이 된다.

실제로 중학교 수학을 처음 접하는 학생들은 난이도가 높다고 느낀다. 따라서 늦어도 6학년 2학기부터는 올바른 수학 공부 습관을 익히는 것이 좋다. 저학년 수학에서는 단기간 공부하거나 연산 문제만 잡아도 성적 향상이 가능했기 때문에 잘못된 공부 습관이 몸에 배어 있어도 점수에 크게 영향을 끼치지 않았다. 그러나 중학교 과정은 다르다. 문제를 빨리빨리 많이 푸는 것보다 어려운 문제 하나를 끈질기게 생각해서 풀어 보게 하자. 수학은 스스로 이해하고 이해를 바탕으로 응용하고 분석하는 과정을 통해 발전할 수 있다. 이 시기에 수학 개념에 대해 많은 지식을 알려 주고 스스로 생각할 수 있도록 하는 것이 좋다.

6학년이면 이제 스스로 공부하는 시간을 늘려야 한다. 수업을 아무리 많이 들었어도 직접 손으로 쓰고 풀어 보기 전까지는 공부 효과를 기대하기 어렵다. 1시간 강의를 들었다면 1시간 이상 혼자 공부하는 습관을 들이도록 하자.

반복해서 말하지만 무리한 선행학습은 오히려 부정적인 영향을 끼친다. 그것보다는 복습의 비중을 늘리고 반복 학습하는 것이 좋다.

3

영어

○ 단원별 핵심 포인트

　6학년은 중학 영어에 대비해야 할 시기다. 어휘, 말하기, 쓰기, 듣기는 물론 문법까지 영역별로 실력을 쌓아야 한다. 학교에서 다루는 교과서뿐만 아니라 검정 교과서 전체를 살펴보며 다양한 어휘와 표현을 학습하고 3~5학년까지 학습한 내용들을 정리해 보자. 또한 실용영어능력을 위한 말하기와 쓰기 연습도 꾸준히 하도록 한다.

❶ Where Are You From?	출신 국가 묻고 답하기(Where are you from? / I'm from France.) 철자 묻고 답하기(How do you spell your name?)
❷ Where Is Anna's Doughnut Shop?	주의 끌기(Excuse me, can you help me?) 길 안내하기(It's between the hospital and the pet shop. / It's next to the post office. / Go straight two blocks and turn right.)

❸ What Will You Have?	어떤 음식을 먹을지 묻고 말하기(What will you have?) 상대방의 말 확인하기(Are you sure?)
❹ My Birthday Is April 3rd	날짜 묻고 답하기(What's the date today? / It's April 2nd.) 감사 표현에 답하기(My pleasure.)
❺ Don't Run in the Classroom	금지하기(Don't run in the classroom.) 이유 묻고 답하기(Why? / Because the elevator is for old and weak people.)
❻ I Want to Clean the Windows	원하는 것 묻고 말하기(What do you want to do? / I want to clean the windows.) 제안 수락하기(That sounds good.)
❼ What Do Frogs Eat?	경고하기(Be careful!) 사실적 정보 묻기(What do frogs eat?)
❽ I'll Go to Busan by Train	소망, 의지 묻고 말하기(What will you this summer? / I'll go to Busan.) 교통수단 묻고 답하기(How will you get there? / I'll go there by bus.)
❾ Who's Calling, Please?	전화받기(Who's calling, please?) 제안하고 수락하기(Can you join us? / Sure.)
❿ May I Try Some?	허락 요청하기 답하기(May I feed that bear? / Of course, you can.[Sorry, you can't.]) 의무 표현하기(You must stay back.)
⓫ Hallasan Is Higher Than Jirisan	비교하기(Hallasan is higher than Jirisan.) 주의 끌기(You know what?)
⓬ Would You Like to Come to My Party?	초대하고 초대에 수락하기(Would you like to come to my pajama party? / Sure, I'd love to.) 사과에 답하기(That's all right.)
⓭ What's Your Favorite Season?	좋아하는 계절 묻고 답하기(What's your favorite season? / My favorite season is spring.) 동의하기(Same here.)
⓮ What a Big Pear!	감탄하기(What a Big Pear!) 음식 권하기(Help yourself.)

⑮ What Do You Think of Sim Cheong?	상대방의 의견 묻기(What do you think of the story?) 반대하기(I don't think so.)
⑯ Congratulations!	소망이나 의지 묻고 답하기(I'm going to go to the library.) 축하하기(Congratulations!)

○ 문법 공부 어떻게 해야 할까

최근의 영어는 회화 중심이다. 문법 위주로 공부했던 부모 세대들은 당황스럽다. 말하기 능력을 중시하는 요즘의 영어 교육 흐름 속에서 문법 교육이 과연 필요 없는 것일까 고민도 될 것이다.

대부분 영어 교육, 특히 초등영어에서 문법은 필요 없다고 여기지만 읽기, 쓰기, 듣기, 말하기를 효과적으로 빠른 시간 안에 학습하기 위해서는 문법 지식이 필요하다. 영어 인증 시험의 유형만 보더라도 문법을 알지 못하고서는 제대로 된 점수를 받기 힘들다. 문법 공부 없이 영어 공부를 할 수는 없다.

물론 지금 당장이야 회화를 중심으로 공부하므로 문법의 필요성을 느끼지 못할 수도 있지만, 중학생이 되면 조금 달라진다. 학교에서 배우는 문법에 거부감을 느끼는 문제도 발생한다. 회화 중심의 영어교육만 받은 아이들은 점점 중급, 상급으로 올라가면서 정확하고 수준 높은 영어를 구사하려면 영어 문법 학습이 꼭 필요함을 느낀다.

그렇다고 부모 세대들이 그러했듯 두꺼운 문법책을 가지고 공부하라는 것은 아니다. 아이의 수준에 맞는 교재를 선택하면 된다. 초등학교 고학년에게는 전체 내용을 빠른 시간 안에 훑어볼 수 있는 기본적이고 쉬운 문법책이 적당하다. 기초 수준의 문법책을 한 권 선택해서 전체 내용을 한번 훑고 난 후에 다시 여러 번 복습하는 것이 좋다. 딱딱하게 글로만 설명하는 교재보다는 차트나 그림 등 시각적 자료가 충분한 교재가 아이들에게 더 효과적이다.

꼼꼼하게 공부하기보다 모르는 부분이 있어도 일단 모든 영역의 문법적 내용을 한번 훑어보는 게 영문법에 대한 전체적인 감을 익히는 데 좋다. 본격적으로 영문법을 시작하는 초등 5~6학년 학생에게 적당한 방법이다.

그리고 문법 규칙을 외우기보다는 말하기나 글쓰기를 하면서 직접 활용해 보도록 한다. 문법 규칙을 배운 후 다양한 방법으로 활용해 보는 것이다. 예를 들어, 동사의 과거형을 배운 후에는 지난주에 일어났던 일을 영어로 말해 본다.

앞에서 말했듯이 어려운 문법책으로 공부할 필요는 없다. 쉽고 연습 구문이 많거나 워크북이 함께 있는 문법책을 고르면 된다. 핵심 문법을 익힌 후 폭넓은 독서로 다양한 응용 문장을 접하고 회화나 영어 일기에 사용하면 살아 있는 문법 공부를 할 수 있을 것이다.

⭕ 풍성한 영어 일기를 위한 표현

아는 영어 단어와 아는 문장 형식 내에서 영작을 하다 보면 영어 일기의 내용이 매번 비슷해진다. 그러면 지루하고 재미없어 흐지부지 포기하기 마련이다. 그럴 때 아이에게 새로운 영어 표현에 대해 공부할 수 있도록 해보자. 서점에 나가 보면 영어 일기 표현에 대한 책도 많이 나와 있다. 굳이 외우려고 하지 말고 한두 문장 베껴 쓰거나 나의 상황에 맞게 단어 한두 개만 고쳐 쓰는 연습을 하도록 하자. 그러면 어느새 손에 익고 입에 익어시 나만의 표현이 될 것이다.

영어 일기 표현

날씨	날씨가 좋았다. - It was sunny. 날씨가 풀렸다. - The weather became warmer. 날씨가 너무 변덕스럽다. - The weather is fickle. 내일은 비가 올 것 같다. - It will rain tomorrow. 바람이 세게 불었다. - There was a strong wind. 비가 왔으면 좋겠다. - I wish it would rain. 얼어 죽는 줄 알았다. - I was freezing to death. 눈이 내렸다. - It was snowy. 눈이 녹아 없어졌다. - The snow has melted.
하루 일과	오늘은 아침 6시에 일어났다. - I got up at 6 o'clock in the morning. 아침밥 먹기 전에 세수를 했다. - I washed my face before breakfast. 7시에 아침 식사를 했다. - I had my breakfast at 7 o'clock. 식사 후 양치질을 했다. - After the meal, I brushed my teeth. 나는 편식을 하지 않는다. - I am not picky about foods. 내가 가장 좋아하는 음식은 ~이다. - My favorite food is ~. 배고파 죽을 지경이다. - I was starving to death.

	나는 야채를 좋아하지 않는다. – I don't like vegetables. 나는 한 달에 한 번 용돈을 받는다. – I get the pocket money once a month. 나는 용돈을 다 써버렸다. – I spent all my allowance. 어머니에게 돈을 달라고 졸랐다. – I asked mom for money impatiently. 힘든 하루였다. – It was a terrible day. 즐거운 하루였다. – I had a wonderful time today. 샤워를 하고, TV를 조금 보았다. – I took a shower and watched TV. 오늘은 일찍 자야겠다. – Today I will go to bed early. 하루의 일을 잘 마쳤다. – I finished the day well. 오늘은 별로 좋지 않은 하루였다. – It wasn't my day today. 나는 오늘 기운이 없었다. – I felt low today.
청 소	방이 지저분했다. – The room was messy. 방을 청소했다. – I cleaned up the room. 지저분한 것을 깨끗이 치웠다. – I cleaned up the mess. 공기 환기를 위해 창문을 열었다. – I opened the window to let freash air in. 비로 방을 쓸었다. – I swept the room with the broom. 진공청소기를 이용했다. – I used the vacuum cleaner. 걸레로 바닥을 닦았다. – I wiped off the floor with a wet rag. 책상을 정돈했다. – I clean up my desk, I tidied up my desk. 쓰레기는 휴지통에 버렸다. – I put the garbage in the trash can.
학 교	나는 늦잠을 자서 지각을 했다. – I overslept and was late getting to the school. – I was late for school because I overslept. 다시는 지각을 하지 않겠다고 약속했다. – I promised not to be late again. 학교를 갔다. – I went to school. 등굣길에 친구를 만났다. – I met a friend on the way to school. 학교 수업은 8시에 시작되었다. – The school class started at 8:00. 나는 공부를 열심히 하지 않았다. – I didn't study hard enough. 공부를 열심히 해야겠다고 다짐했다. – I made a decision to study hard.

학 교	학교 점심시간에 우리는 빨리 먹고 축구를 했다. – During the school lunch time, we ate fast and played soccer. 목요일에는 수업이 6시간이 있다. – On Thursday, I have six classes. 매주 금요일에는 방과 후 활동이 있다. – On every Friday, there are after-school activities. 담임선생님께 혼났다. – I was scolded by my homeroom teacher. 영어 선생님께서 수업 시간에 떠든다고 벌을 주셨다. – My English teacher punished me for talking in class. 나는 학생들 앞에서 발표를 했다. 잘한 것 같다. – I gave a talk in front to of class. I think I did well. 학교를 조퇴했다. – I left school early. 머리가 아파서 조퇴를 했다. – I had a headache, so I left school early. 내일은 수업이 없다. – We have no classes tomorrow. 선생님께서 숙제를 많이 내주셨다. – The teacher gave me a lot of homework. 독후감을 써야 했다. – I had to write a book report. 숙제를 하는 데 많은 노력과 시간이 필요했다. – It took up a lot of effort and time to finish the homework. 숙제를 내일로 미루었다. – I put off my homework until tomorrow. 때때로 숙제를 하고 싶지 않을 때가 있다. – Sometimes I don't feel like doing my homework. 숙제를 간신히 끝마쳤다. – I finished doing my homework with difficulty. 기쁘게도, 오늘은 숙제가 없다. – To my joy, I have no homework today. 방과 후에는 학원에 갔다. – After school, I went to the Academy. 수업이 끝난 후에, 과외를 받았다. – After school was over, I had extra lessons. 학교에 결석했다. – I was absent from school.
시 험	밤늦게까지 공부를 했다. – I studied till late at night. 오늘은 영어와 과학 시험이 있었다. – Today, I had an exam in English and science. 오늘은 수학 시간에 깜짝 시험을 보았다. – Today, there was the pop-test in the math class. 시험을 잘 봤다. – I did well in my test. 수학 시험을 망쳤다. – I failed my math test. 시험을 잘 못 봤다. – I did poorly in my test.

친 구	그는 내 친구이다. – He is my friend. 우리는 매우 친하다. – We are good friends. 그는 그와 친하게 지낸다. – I keep friends with him. 나는 친구가 많다. – I have a lot of friends. 친구와 싸웠다. – I had a quarrel with my friends. 친구와 화해했다. – I made friends with him again. 숙제할 때 친구와 같이했다. – I cooperated with friends in doing the homework. 그 친구는 따돌림을 당한다. – He is left out alone from his friends. 그가 나를 놀렸다. – He teased me. 친구가 한 말로 인해 마음이 아팠다. – My friend's words broke my heart. 나는 기뻐서 어쩔 줄을 몰랐다. – I was beside myself with joy. 나는 너무 좋아 깡충깡충 뛰었다. – I jumped with joy.
방학 생활	이번 겨울 방학엔 영어 공부를 열심히 할 것이다. 　– I will study English hard during this winter vacation. 방학 중에 청소, 설거지, 빨래 등 엄마 일을 도와 드렸다. 　– I helped my mom to clean the house, do the dishes, wash clothes and so on. 겨울방학엔 꼭 10권 이상의 책을 읽어야겠다고 결심했다. 　– I surely will read more than 10 books during this winter vacation. 엄마한테 매일 늦잠 잔다고 꾸중을 들었다. 　– I was scolded by my mom because I got up late every day. 엄마는 동생과 그만 싸우라고 소리치셨다. 　– Mom shouted at us that we stopped fighting with each other. 다른 친구들은 어떻게 지낼까 궁금하다. 　– I wonder how my friends are doing. 방학 숙제가 너무 많아 다 할 수 없을 것 같다. 　– I have so many vacation tasks that I think I can not do all of them. 방학 숙제를 다 끝내지 못해 걱정이다. 　– I am worried about the unfinished homework. 방학 숙제를 못했다. – I have not done all my vacation tasks. 방학이 3일 남았다. – I've got 3 vacation days left.

4

과학

6학년 과학은 생소하고 어려운 용어가 많이 나온다. 무조건 외우려고 할 게 아니라 실험이나 관찰 과정을 거치면서 용어를 이해하는 게 중요하다.

특히 산, 염기, 산도 등의 과학 용어나 페놀프탈레인 용액 등과 같이 익숙지 않은 실험 재료의 이름이 자주 나오기 때문에 어렵기도 하다.

'에너지와 도구' 부분에서는 위치 에너지, 운동 에너지 등과 같은 에너지의 종류와 에너지 전환 과정, 지레, 도르래, 경사면의 원리에 관한 내용이 나온다. 에너지는 눈으로 볼 수 없기 때문에 텔레비전과 자동차와 같이 에너지를 이용하는 다양한 물체와 지레나 도르래의 원리가 활용되는 물체를 통해 원리를 알아 나가는 게 효과적이다.

⭕ 집에서 할 수 있는 과학실험

실험 1 요구르트 온도계	
준비물	요구르트, 투명 빨대, 알코올, 물감, 테이프
방법	1) 요구르트 병에 알코올을 반쯤 채우고 물감을 탄다. 2) 요구르트 병에 빨대를 넣고 중앙에 오도록 한 다음 테이프로 입구를 막는다. 3) 따뜻한 물에 넣었다가 차가운 물에 넣는다.
결과	차가운 물에 넣으면 빨대 속 알코올 기둥이 내려가고 따뜻한 물에 넣으면 올라간다. 온도가 올라가면 분자운동이 활발해지면서 액체의 부피가 커지기 때문에 알코올 기둥이 올라가고, 온도가 내려가면 부피가 줄어들어 알코올 기둥이 내려가는 것이다.

실험 2 이산화탄소 찾아보기	
준비물	고무풍선 2개, 구부러지는 빨대, 투명한 유리컵, 석회수
방법	1) 풍선을 불고 주둥이를 묶지 않는다. 2) 풍선 속 기체가 빠져나가지 않게 조심하며 풍선 주둥이에 빨대를 끼운다. 3) 풍선 주둥이와 빨대가 만난 곳을 꽉 누른다. 4) 빨대의 다른 쪽 끝을 구부린 뒤 석회수에 담근다. 5) 풍선에서 기체가 빠져 나가게 하고 석회수에 생기는 변화를 관찰한다.
결과	풍선에서 기체가 나오면 석회수가 뿌옇게 흐려진다. 우리가 내쉰 숨으로 부푼 풍선 속에 이산화탄소가 들어 있다는 증거다.

실험 3	전자석 만들기

준비물	못, 전선, 건전지, 전지 끼우개, 집게 전선 2개, 유리막대, 빨대, 나무젓가락, 실, 핀
방법	1) 못은 불에 달구었다 서서히 식혀 그 자체가 가진 자석 성질을 없앤다. 그리고 전선에서 못으로 전류가 흐르는 것을 막기 위해 얇은 종이로 못을 한 번 감싼 뒤 전선을 감는다. 2) 준비한 유리막대, 나무젓가락, 빨대에도 양쪽 끝에 에나멜을 벗긴 전선을 촘촘하게 100번 감는다. 3) 전선을 감은 못, 나무젓가락, 유리막대, 빨대를 집게 전선을 이용해 건전지와 연결하여 회로를 완성한다. 4) 못, 나무젓가락, 유리 막대, 빨대를 연결할 때마다 끝부분에 실에 매단 핀을 갖다 대어 어떤 변화가 있는지 살펴본다.
결과	핀이 잘 달라붙는 막대는 전선을 감은 못이다. 이 실험으로 못에 전선을 감으면 전자석이 되는 것을 알 수 있다. 못과 같은 긴 쇠에 전선을 둘둘 감고 전류를 흘려보내면 쇠가 자석이 되는데, 이것을 전지로 만든 자석이라고 해서 전자석이라 한다. 전자석은 전선을 많이 감거나 전류를 세게 흘려보낼수록 강해진다.

실험 4	전자석과 막대자석

준비물	집게전선 2개, 전자석, 막대자석, 나침판, 건전지, 전지 끼우개, 투명한 판, 종이컵, 철가루
방법	1) 막대자석과 전자석 위에 투명한 판을 놓는다. 2) 전자석에 전류가 흐르게 한 뒤 철가루를 바닥에 구멍이 난 종이컵에 넣고 투명한 판 위에 뿌린다. 3) 철가루가 늘어선 모양을 비교해 보면 둘이 비슷한 것을 알 수 있다. 4) 전자석에 전류가 흐르지 않으면 자기력선이 나타나지 않는 것을 알 수 있다. 5) 전자석에도 극이 있는지 알아보기 위해 전자석의 양 끝에 나침판을 가져가 본다.
결과	건전지 방향을 바꾸어 전류가 반대로 흐르게 한 뒤 전자석의 극을 확인하면 전자석의 극이 반대가 된 것을 알 수 있다. 전자석과 막대자석은 철가루나 철로 만든 물건이 붙고, 주변에 자기장이 생기며 N극과 S극이 있다는 것은 같다. 하지만 전자석은 전류가 흐르지 않으면 자석의 성질을 잃어버리고, 극을 바꿀 수 있으며 세기를 조절할 수 있다는 점이 막대자석과 다르다.

◯ 과학 글쓰기

"과학 글쓰기는 비판적 사고와 논증적 추론을 통해 정확한 과학 지식을 알기 쉽게 보여주는 작업입니다. 새로운 지식을 만드는 지적 활동이기도 하죠."

《정재승의 과학 콘서트》의 저자로 유명한 정재승 카이스트 교수의 말이다.

과학 글쓰기는 과학자들이 자신의 연구 결과를 학계에 발표하기 위해 논리적으로 글을 쓰는 과정에 주목해 만들어진 활동이라고 한다. 습득한 과학적 경험과 지식을 토대로 어떤 주제에 대해 논리적으로 글을 쓰는 것이며, 이를 통해 새로운 지식과 이론을 정리하고 내 것으로 만들어 가는 과정이다.

글쓰기는 자신의 경험, 사고, 감정을 언어로 나타내는 과정이다. 과학 글쓰기는 논리적 사고력과 창의적 사고력이 일반 글쓰기보다 더 많이 요구된다. 내용도 자연현상이나 과학적 사실, 법칙, 이론, 실험데이터 등에 초점을 둔다는 것이 그 특징이라 할 수 있다. 과학적 사실에 기초하여 인과관계를 풀어가는 형식이 대부분이므로 개인의 의견이 들어갈 여지가 적고 엄밀한 논리적 전개가 필요하다. 따라서 보통의 글쓰기에 비해 객관적 타당성을 중요시한다. 문학적 표현보다는 내용의 정확성, 길고 멋있는 문장보다는 짧고 명확한 문장이 중요하다. 자기 생각이라는 것을 드러내는 표현이나 자신 없이 추측하는 듯한 표현은 삼가는 것이 옳다.

과학 글쓰기를 하면서 명확한 주제, 적당한 예제, 정확한 인용, 체계적인 글의 구성 등을 점검하다 보면 과학에 대한 깊은 이해가 이루어진다. 일선의 교사들도 학생들이 기계적으로 학설을 외우고 정답을 맞히던 과거 방식과 달리, 원리와 개념을 이해하고 이를 응용, 비판, 재창조하는 데 글쓰기만큼 좋은 게 없다고 한다. 그러므로 과학 글쓰기를 단순히 재미가 아닌 논리적 글쓰기와 사고 확장의 기회로 삼도록 한다. 지금부터라도 단원을 배우고 난 다음에 내용을 정리하도록 하자.

과학 글쓰기를 하기 전에 우선 글감과 주제를 정하고, 글 전체적인 개요를 짠 후 글을 작성하도록 한다. 이때 앞에서 말했듯 논리성을 따지면서 쓸 수 있어야 한다. 글을 쓴 다음에는 글쓰기의 목적과 주제가 제대로 부각되어 있는지 확인하고, 논리적인 비약은 없는지 점검하여 과학 글쓰기 실력을 향상시키도록 한다.

과학 저널, 과학 도서와 칼럼을 많이 읽는 것이 과학 글쓰기 훈련에 도움이 된다. 독서한 뒤에는 기록으로 남기면서 자신의 생각을 정리하고 모르는 것을 다시 확인하도록 하자. 장기적으로 과학 논술을 준비한다면 과학관 견학이나 야외 체험 활동과 같은 '직접적인 경험'과 과학자 위인전 읽기와 같은 독서 활동을 통한 '간접 경험' 그리고 호기심을 유발하고 문제 해결 능력을 기를 수 있는 '토론식 수업 활동' 등을 어릴 때부터 시작하도록 하자.

5

사회

6학년이 되면 세계 지리에 대해 배운다. 위도와 경도를 그리는 방법과 시차 계산법을 미리 익히면 좋다. 세계지도를 놓고 대륙별 나라 이름과 위치·대양·산맥 이름을 외우는 퀴즈 놀이를 하는 것도 도움이 될 것이다. 세계의 우표나 동전 수집은 각 나라의 국기, 지도자, 그 나라를 상징하는 동물에 대해 쉽게 이해할 수 있는 방법이다. 다른 나라의 음식을 먹어 본다든지 다른 문화의 음악을 듣거나 문화원 방문 등 다양한 체험을 통해서 다른 문화에 대한 감각을 키우도록 하자.

<table>
<tr><td colspan="2">6학년 1학기</td></tr>
<tr><td>❶ 우리 국토의
모습과 생활</td><td>우리 국토의 위치가 지닌 장점, 영역, 우리나라 기후의 특징에 대해 알아본다.
우리나라 지형과 지형에 따른 생활 모습을 알아본다.</td></tr>
<tr><td>❷ 우리 경제의
성장과 과제</td><td>우리 경제의 특징인 자유와 경쟁의 이점과 우리 경제의 성장 과정을 알아본다.
경제 위기와 사회문제에 대해 알고, 이들의 극복 방법에 대해 알아본다.</td></tr>
<tr><td>❸ 환경을 생각하는
국토 가꾸기</td><td>자연과 인간의 관계에 대해 알아본다.
환경문제 해결을 위해 노력할 점을 알아본다.
국토 개발의 필요성과 국토 개발에 따른 문제점에 대해 알아본다.</td></tr>
</table>

<table>
<tr><td colspan="2">6학년 2학기</td></tr>
<tr><td>❶ 우리나라 민주 정치</td><td>우리 국토의 위치가 지닌 장점, 영역, 우리나라 기후의 특징에 대해 알아본다.
우리나라 지형과 지형에 따른 생활 모습을 알아본다.</td></tr>
<tr><td>❷ 세계 여러 지역의
자연과 문화</td><td>세계 각 지역의 위치와 기후, 지형, 인문 환경에 대해 알아본다.
음식을 중심으로 세계 여러 지역이나 나라를 조사할 내용을 정리한다.
조사한 자료를 정리하여 전시, 발표, 자료 제작을 한다.</td></tr>
<tr><td>❸ 정보화, 세계와
그리고 우리</td><td>과학기술 발달이 우리 생활에 미치는 영향에 대해 알아본다.
세계화의 긍정적 · 부정적 측면에 대해 알아본다.
전통문화 계승 발전의 중요성에 대해 이야기해 본다.
분단으로 인해 발생하는 문제와 사례 등에 대해 이야기해 본다.</td></tr>
</table>

○ 미리 가보면 좋은 곳

학기	사회교과단원	견학장소
6학년 1학기	❶ 우리 국토의 모습과 생활	지도 박물관 http://museum.ngii.go.kr 독도 박물관 http://www.dokdomuseum.go.kr 기상청 http://www.kma.go.kr
	❷ 우리 경제의 성장과 자세	한국은행화폐금융박물관 http://museum.bok.or.kr 한국금융사박물관 http://www.shinhanmuseum.co.kr 조세박물관 http://www.nts.go.kr/museum 관세박물관 증권 박물관 http://museum.ksd.or.kr
	❸ 환경을 생각하는 국토 가꾸기	
6학년 2학기	❶ 우리나라 민주 정치	국회의사당 청와대 대법원
	❷ 세계 여러 지역의 자연과 문화	지구촌 민속 교육 박물관 http://www.serii.re.kr
	❸ 정보화, 세계와 그리고 우리	서울 인사동 거리 한국 이슬람성원

중학교에 진학하면 초등학교 때와 비교할 수 없을 정도로 사회 교과서가 두꺼워지고 다루는 범위도 넓어진다. 우리가 사는 사회에 대해 배운다고는 하지만, 역사 부분이 나오면서 각 시대의 사회, 정치, 경제 그리고 문화까지 공부해야 하니 머리가 지끈거릴 것이다. 게다가 사회는 대표적인 암기 과목이다. 외워야 할 것이 많다. 용어도 어려워지고 양도 많아지니, 사회를 싫어하는 아이가 나오기 마련이다.

초등학교 때부터 사회와 가까워질 수 있는 방법은 역사를 읽는 눈을 갖게 하는 것이다. 사실 역사만큼 좋은 과목도 없다. 단순히 사회 과목이 아니라 정치, 경제, 문화 등 모든 영역에 배경지식이 되어 다른 분야에도 능통할 수 있는 힘이 되기 때문이다.

하지만 그 긴 역사의 세세한 모든 것을 암기하는 게 쉬운 일은 아니다. 대신 재미있게 나만의 연대표를 만들어 가까이에 두고 보게 하자. 나만의 연대표는 벽 한 면에 전지를 붙이고 역사에 관한 책을 읽으면서 각각 연대별로 특징을 적는 것이다.

> 나만의 연대표는 벽 한 면에 전지를 붙이고 역사에 관한 책을 읽으면서 각각 연대별로 특징을 적는 것이다.

역사적인 것뿐만 아니라 위인전을 읽고 연대표에 간단한 독서록을 적는다. 어차피 역사에 인물이 빠질 수 없으므로 인물과 역사를 자연스럽게 외우게 되고, 인물에서 시대로, 시대에서 인물로 넘나들 수 있는 안목이 생긴다.

사회 과목은 우리를 둘러싼 사회의 여러 분야에서 일어나는 현상을 공부하는 과목이다. 그래서 교과서를 보면 대단원 안에 여러 소단원들을 각각 이어서 공부하도록 되어 있다.

예를 들어 6학년이라면 우리나라가 어떤 지리적 특징을 갖고 있는지, 그 영향을 받아 사람들은 어떻게 살아가고 있는지를 배운다. 그런데 교과서의 내용을 무조건 외우려다 보면 한계가 오고 금방 잊어버리게 된다. 시야를 폭넓게 하여 교과서의 각 단원이 어떤 관계를 갖고 있는지 파악하도록 하자. 그런 뒤 본격적인 공부를 시작하는 것이 세부 내용을 이해하는 데에 훨씬 더 도움이 될 것이다.

그리고 지도와 친해지는 것도 중요하다. 사회과부도를 곁에 두고 내용과 지도를 연관해서 보면 이해도 빠르고 기억에도 오래 남는다. 지리의 경우 우리 동네부터 우리 고장, 대한민국 그리고 세계로 점점 범위를 넓혀 나가도록 한다.

암기를 위해서는 정확한 개념의 이해가 필요하다. 단원의 핵심 단어를 1단계에 그린 후 2단계부터 연관되는 단어를 적어 내려가는 형식으로 마인드맵을 작성한다. 단어로 이루어진 마인드맵을 외울 때는 각 가지별로 독특한 문장을 만들어 외우면 더 흥미가 생길 것이다.

4학년 1학기

책제목	저자	출판사	년
100년 후에도 읽고 싶은 한국 명작 동시 (빗방울)	한국명작동화 선정위원회	예림당	2005
4학년 전래 동화	이혜진	깊은책속 옹달샘	2005
6학년 동시 읽기(비 오는 설악산)	박주순	깊은책속 옹달샘	2005
글쓰기를 어떻게 할까–4학년	장승련	계림닷컴	2002
길아저씨 손아저씨	권정생	국민서관	2008
까만 나라 노란 추장	강무홍	웅진닷컴	2001
꽃가지를 흔들 듯이	정완영	가람출판사	1997
꽃이 들려주는 따뜻한 꽃 이야기(백일홍)	최성수	북피아 주니어	2009
너 정말 우리말 아니?(시치미떼다)	이어령	푸른숲 어린이	2009
노마의 발견	어린이철학교육연구소	해냄주니어	1998
놀아요 선생님	남호섭	창비	2007
닭들에게 미안해(할아버지 등긁기)	김경성	현대문학 북스	2001
대단한 동물이야기(지지배배 제비의 노래)	권오길	애플비	2007
두고두고 읽고 싶은 한국 대표 창작 동화3 (행복한 비밀 하나)	이원수	계림	2006
말과 글은 우리 얼굴이야	임어진	우리교육	2007
바람의 딸, 우리 땅에 서다	한비야	푸른숲	2007
봄날, 호랑나비를 보았니?	재미마주 편	길벗어린이	2008

책제목	저자	출판사	년
생각을 키우는 독서 논술 3단계	청어람 독서교육연구소	대교 출판	2010
서울문화유산 답사기	김해웅	자음과 모음	2003
세밀화로 그린 어린이 식물도감(백일홍)	편집부	보리	1997
세밀화로 보는 호랑나비 한살이	권혁도	길벗어린이	2007
세상을 잘 알게 도와주는 기행문	심상우	어린른이	2005
손 큰 할머니의 만두 만들기	채인선	재미마주	2007
숨은 쥐를 잡아라	조은수	웅진닷컴	2003
아빠 법이 뭐예요?	우리누리	창비	2005
안네의 일기	안네 프랑크	지경사	2008
엄마아빠와 함께 떠나는 어린이 문화유산답사기	이형권	대교	2000
열두 사람의 아주 특별한 동화	송재찬 외	파랑새어린이	2001
오성과 한음	임신행 지음	예림당	2001
우리가 알아야 할 우리 옛이야기 백가지1 (이야기 귀신)	서정오	현암사	2004
우리나라 창작 지혜 동화	편집부	유진	1997
이솝이야기(당나귀를 팔러 간 아버지와 아들)	이솝	국민서관	2005
전래놀이 101가지(비사치기)	이상호	사계절	1999
지렁이가 흙 똥을 누었어	이성실	다섯수레	2009
짜장짬뽕탕수육	김영주	재미마주	2005
참 좋은 짝	손동연	푸른책들	2004
킹피셔 과학백과사전 10(천연자원)	킹피셔과학백과사전 편찬위원회	물구나무	2003
콩, 너는 죽었다	김용택	실천문학	2007
토동통통 생각이 튀어나오는 10분 동화	기쁨	큰나	2006
한국대표창작 동화3	독서, 논술 스캐폴딩 연구회	계림	2006
한국민요집1(술래잡기 노래)	임동권	집문당	1980
한자로 다시 읽는 이솝 이야기	황순임 외	큰나	2008
호랭이 꼬랭이 말놀이	오호선	길벗어린이	2011

4학년 국어 교과서 수록 도서

책제목	저자	출판사	년
3, 4학년이 읽고 싶은 낭송 동시집	이주홍	파랑새	2007
가을 그림 그리기(시조생활 여름호)	이상인	시조생활사	2008
고양이야, 미안해(계간 어린이 글수레 겨울호 _ 통권 16호)	원유순	어린이 글수레	2008
고창, 화순, 강화의 고인돌 유적	북티비티	김영사	2008
국사편찬위원회가 뽑은 한국 역사 인물 100인(김홍도)	김용란	지경사	2000
꽁지 닷 발 주둥이 닷 발	서정오	보리	2009
꽃에게 별에게	김소운	아동문예사	2000
노력만큼 크는 키	박미정	동아일보사	2006
눈물보다 하얀꽃	박필상	도서출판 글벗	2008
대한민국 어린이라면 꼭 알아야 할 우리 문화 100	전지은	예림당	2006
똥 찾아 가세요	권오삼	문학동네	2009
루이 브라이	마가렛 데이비슨	다산기획	1999
만년 샤쓰	방정환	길벗 어린이	1999
무지개 물고기	마르쿠스 피스터	시공사 주니어	2009
바보이반의 이야기	톨스토이	창작과비평사	2001
바위나라와 아기별	정유정	길벗 어린이	1996
뻥튀기는 속상해	한상순	푸른책들	2009
소리가 들리는 동시집	이상교	토토북	2010

책제목	저자	출판사	년
시천 시조 선집	편집부	동경	2002
아낌없이 주는 나무	쉘 실버스타인	시공주니어	2000
아무도 모르는 일	정진숙	청개구리	2010
양파의 왕따일기	문선이	파랑새 어린이	2001
어린이를 변화시키는 49가지 좋은 습관	손기원	동화사	2005
영가속의 한국인 100(장보고)	김소천	바른사	1998
우리 민속 도감(단오)	편집부	예림당	1999
우리 민속놀이에는 어떤 이야기가 담겨 있을까?	서찬석	채우리	2011
우리나라 최초의 화포 발명가 최무선	김해진	한국슈바이처	2007
대한민국 대표 동시 365가지(은행잎 편지)	김원석	세상모든책	2003
점자로 세상을 열다	이미경	우리교육	2008
조선의 영웅 김덕령	신동흔	한겨레아이들	2009
주강헌의 우리 문화2(한옥)	주강헌	아이세움	2002
진심으로 통하는 마음 우정	김경희	소담 주니어	2008
초딩, 자전거 길을 만들다	박남정	소나무	2008
테레사 수녀	이종훈	중앙출판사	1997
피노키오의 몸값은 얼마에요?	고수산	아이세움	2008
해상왕 장보고	우봉규	영림카디널	2006

5학년 국어 교과서 수록 도서

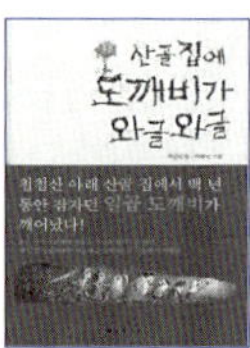

책제목	저자	출판사	년
그때 나는 열한 살이었다	현길언	계수나무	2010
김정호	오민석	어린이중앙	2002
로빈슨 크루소	다니엘디포	문공사	2002
명탐정 뚱딴지	김우영	파랑새어린이	2003
민영환의 세계일주	민영환	책과함께	2007
바다를 담은 일기장	노원호	예림당	1996
별을 사랑하는 아이들아	윤동주	푸른책들	2006
산골집에 도깨비가 와글와글	채인선	보림	2006
아빠를 닮고 싶은 날	이붕	계림	2002
양초로 국을 끓여	김원석	자람	2007
엄마는 파업 중	김희숙	푸른책들	2006
우리들의 일그러진 영웅	이문열	다림	1998
원숭이 마카카	박상재	대교	2010
종이목걸이	손연자	푸른책들	2009
형이라고 부를 자신 있니?	이성자	대교출판	2010

책제목	저자	출판사	년
5000년 한국 여성 위인전1	신현배	홍진피앤엠	2007
TV 동화 행복한 세상 1	박인식	샘터사	2009
개구리 동네 게시판	박혜선	크레용하우스	2011
글쓰기의 공중 부양	이외수	해냄출판사	2007
길도 잠잔단다	이정환	만인사	2007
내 배꼽을 만져보았다	장옥관	문학동네	2010
누가 더 놀랐을까	도종환	실천문학사	2008
다자구야 들자구야 할머니	송언	한겨레아이들	2001
동시마중 창간호	송찬호	동시마중	2010
메아리	이주홍	길벗어린이	2010
별난 선생님이 들려주는 우주견문록	카툰플러스	사이언스 주니어	2009
별똥별 아줌마가 들려주는 우주이야기	이지유	미래아이	2010
빗방울 미끄럼틀	김마리아	아동문예	2001
사랑의 손가락	이청준	문학수첩	2006
새들은 시험 안 봐서 좋겠구나	이우진	보리	2007
생각 창고 광고로 배우는 창의학습	차유철 외	대교출판	2010
샬롯의 거미줄	엘윈 브룩스 화이트	시공주니어	2010
서평문화 (2003년 여름호)	이승하	한국간행물 윤리위원회	2003

5학년 국어 교과서 수록 도서

책제목	저자	출판사	년
선생님을 이긴 날	김은영	문학동네 어린이	2008
슈바이처	김미라 엮음	웅진	1996
신라 이야기1	윤경렬	창작과비평사	1991
어린이가 정말 알아야 할 우리 전래동요	신현득 엮음	현암사	2007
어린이와 문학 2010년 1월호	김유진	어린이와 문학	2010
어쩌면 저기 저 나무에만 둥지를 틀었을까	이정환	만인사	2001
엄마는 파업 중	박지영	푸른책들	2006
역사를 빛낸 사람들 17-주시경	김원우	대교	1998
열두가지 전래놀이의 아주 특별한 동화	이상호, 정수영	파랑새어린이	2003
염소똥은 똥그랗다	문인수	문학동네	2010
오른발, 왼발	토미 드 파올라	비룡소	2009
우리가 정말 알아야 할 우리 옛이야기 백 가지	서정오	현암사	1999
우주 대여행	루치아노 코르벨라	루덴스	2009
청소년을 위한 양성평등 이야기	이해진	파라주니어	2010
퀴리 부인	김영자	삼성당	2006
한국 동시조 선집	유경환	드림	2009

6학년 1학기

책제목	저자	출판사	년
고학년 좋은 동시	공재동	혜원	2010
그 속에서 놀던 때가 그립습니다	박성룡	문학동네어린이	2009
꿈을 찍는 사진관	홍선주	가교	2001
삐삐는 언제나 마음대로야	아스트리드 린드그렌	우리교육	2006
내이름은 삐삐 올스타킹	아스트리드 린드그렌	시공주니어	2011
나는 공부하러 박물관에 간다	이원복	효형	2003
청소년을 위한 이기는 습관	전옥표	쌤앤파커스	2008
까만 나라 노란 추장	강무홍	웅진닷컴	2001
아버지의 편지	정약용	함께 읽는 책	2004
생각 깨우기	이어령	푸른숲	2009
한국 대표 동시 100편	이정석	큰나	2008
내가 채송화처럼 조그마했을 때	이준관	푸른책들	2006
입안이 근질근질	이성자	청개구리	2009
말힘글힘을 살리는 고사성어	장연	고려원북스	2006
냉이꽃 따라가면	유경환	파랑새 어린이	2001
옛이야기 들려주는 황금빛 은행나무 할아버지	이준섭	정인출판사	2008
유머코드	송길원	랜덤하우스 코리아	2007
스피치 달인의 생산적 말하기	이창호	북포스	2006
인생을 성공으로 이끄는 유쾌한 유머	김진배	나무생각	2006
소나기	황순원	다림	2002

6학년 국어 교과서 수록 도서

책제목	저자	출판사	년
식객18	허영만	김영사	2007
아름다운 우리 한글	강병인	어문학사	2006
해피포터와 불의 잔	존앤 롤링	문학수첩	2000
누구에게나 우울한 날은 있다	브레들리 트레버 그리브	바다 출판사	2011

6학년 2학기

   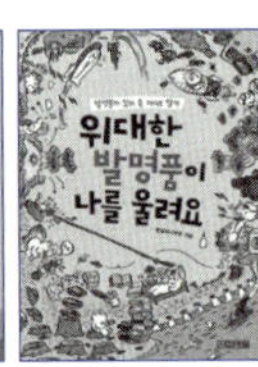  

책제목	저자	출판사	년
우산 속	문삼석	아동문예	2002
빵 점 아빠 백 점 엄마	이정인	푸른책들	2010
마사코의 질문	손연자	푸른책들	2009
하늘목장	이하은	금성출판사	2007
칸딘스키	신문섭	서문당	1992
위대한 발명품이 나를 울려요	햇살과 나무꾼	사계절	1999
반이나 차 있을까 반밖에 없을까	이보나흐미엘레프스카	논장	2008
두 얼굴의 나라 미국이야기	정범진 허용우	아이세움	2004
교과서가 깜빡한 아시아 역사	유재현	그린비	2010
SBS 스페셜 혈액형의 진실	오기현	그루북스	2006
십시일반	박재동	창비	2003
독도를 지키는 사람들	김병렬	사계절	2000
일본은 죽어도 모르는 독도 이야기	이예균, 김성호	예나루	2005

책제목	저자	출판사	년
시애틀 추장	수자 제퍼스	한마당	2004
짧은 동화 긴 생각3	이규경	효리원	2011
나의 사랑하는 젊은이들에게	안창호	지성문화사	2011
바보처럼 공부하고 천재처럼 꿈꿔라	반기문	명진 출판사	2007
로봇 다리 세진이	고혜림	조선북스	2007
푸른미소	이규경	백암출판사	1994
웃음 속의 생각	이규경	꿈동산	2005
마당을 나온 암탉	황선미	사계절	2002
공자와 21세기	남석기, 도기성	글송이	2013
오시오 자시오 가시오	김향이	어린이 중앙	2006
운명을 바꿔 주는 재치 유머 이야기	이득형	진리탐구	2000
한국전래동화 나무 그늘을 산 총각	이원수, 손동인	창비	2001
왕치와 소새와 개미와	채만식	그레이트북스	2009
북두칠성과 가짜 풍수	최래옥	창비	2001
우리말의 수수께끼–세종대왕상이 뭐지요?	서정곤	김영사	2002
아버지 월급 콩알만 하네	임길택	보리	2006
대각국사문집	의천	건국대학교 출판부	1974
아기 개미와 꽃씨	조장희	푸른책들	2006
한국명작동시	석용원	예림당	2005
한국대표동시 100편	박두진	큰나	2008
고양이가 내 뱃속에서	권오삼	사계절	2001
송아지가 뚫어준 울타리 구멍	손춘익	웅진주니어	2009
용구 삼촌	권정생	산하	2009
크리스마스캐럴	로베르토 인노첸티	어린이 작가정신	2008
재미있다 우리고전3	이광익	창비	2003
한국대표명시	에이세대창조집단 엮음	홍진 P&M	2006
겨레아동문학선집1	김소월	보리	2000

교과 연계 도서

책제목	저자	출판사	년
10일간의 보물찾기	권재원	창비	2006
가르쳐 주세요	정완상	일출봉	2007
꼬물꼬물 수학이야기	안소정	뜨인돌어린이	2007
넓이와 부피	세키자와 마사미	다섯수레	1995
두 번째 도형 이야기	고와다 마사시, 다지마 노부오	일출봉	2007
분수와 소수 이야기	고와다 마사시, 야마자키 나오미	일출봉	2007
사각형	캐서린 셸드릭 로스	비룡소	2002
삼각형	캐서린 셸드릭 로스	비룡소	2002
소녀 그리고 셈할 줄 아는 이들을 위한 수학	밸러리 와이어트	또하나의문화	2004
수학은 너무 어려워	베아트리스 루에	비룡소	1996
수학이 순식간에	리즈 앳킨스 외	김영사	2000
수학파티 2	조윤동	휘슬러	2006
양말을 꿀꺽 삼켜버린 수학2: 도형과 퍼즐	김선희	씽크하우스	2007
우등생을 위한 103가지 수학	김용운	계림닷컴	2005
우리 수학 놀이 하자 2, 3	크리스틴 달	김영사	2010
이야기 수학	한경희	다림	2006
탈레스 박사와 수학 영재들의 미로 게임	김성수	주니어김영사	2006
플라톤 삼각형의 비밀	김성수	주니어김영사	2008

책제목	저자	출판사	년
눈높이 수학 학습동화 5, 6학년	김용관, 최향숙	대교	2011
수학이 순식간에	리즈 앳컨스	주니어김영사	2000
이야기 수학	한경희	다림	1998
세상 밖으로 날아간 수학	이시하라 기요타카	파란자전거	2007
생각이 확 열리는 생활수학	안소정	동쪽나라	2005
5학년 수학이랑 악수해요	김동균, 최창남	웅진닷컴	1998
만화로 보는 수학 비타민	박경미	랜덤하우스	2005
수학이 자꾸 수군수군(분수)	샤르탄 포스커트	주니어김영사	2002
우리 수학 놀이 하자 (도형과 퍼즐)	크리스틴 달	주니어김영사	2001
우리 수학 놀이 하자 (수와 식)	크리스틴 달	주니어김영사	2001

4학년 과학 연계 도서

책제목	저자	출판사	년
척척박사 과학 교실	믹 매닝, 브리타 그랜스트림	주니어 김영사	2000
자연과 환경 이야기	엄광용	사계절	2001
식물이 시끌시끌	닉 아놀드	주니어 김영사	1999
재미있는 물 이야기	이한국	현암사	2004
과학을 꿀꺽해 버린 동화 3, 4학년	홍윤희	대교출판	2002

5학년 과학 연계 도서

책제목	저자	출판사	년
암스트롱이 들려주는 달이야기	정완상	자음과 모음	2010
멕스웰이 들려주는 전기자기 이야기	정완상	자음과 모음	2010
떴다! 지식 탐험대2	정민지	시공주니어	2010
파브르 식물 이야기	장 앙리 파브르	사계절	2010
꼬물꼬물 세균대왕 미생물이 지구를 지켜요	김성화, 권수진	풀빛	2007
미생물은 힘이 세다	천종식, 한종아	토토북	2010

책제목	저자	출판사	년
어린이를 위한 우리나라 지도책	이형권	아이세움	2005
보고 배우는 문화유산	표성흠, 강민숙	삼성당	2000
나는 커서 무엇이 될까(10. 정치가)	인현진	다산교육	2008

5학년 사회 연계 도서

책제목	저자	출판사	년
다시 쓰는 이야기 한국사	호원희	소담주니어	2011
어린이 살아 있는 한국사 교과서	윤종배, 이성호	휴머니스트	2005
이야기 보따리 한국사	소와역사연구실	소와당	2010
키워드 한국사	김성환	사계절	2009
한국사 탐험대	송호정 외	웅진 주니어	2005
한국사 편지	박은봉	웅진 주니어	2002
행복한 한국사 초등학교	전국역사교사모임	휴먼어린이	2008

시

시인	제목
고은	등대지기
권대웅	햇빛이 말을 걸다
권정생	뻐꾹새
권태응	감자꽃 / 달팽이
기형도	엄마 걱정
김광규	동서남북 / 초록색 속도 / 저녁에
김광섭	저녁에
김규동	두만강
김기림	바다와 나비
김기택	웃음에 바퀴가 달렸나 봐
김동명	내 마음은
김명수	발자국
김상옥	문패 / 봉선화
김소월	가는 길 / 산유화 / 엄마야 누나야 / 풀따기 / 진달래꽃
김억	연분홍 송이송이
김영랑	끝없는 강물이 흐르네 / 돌담에 속삭이는 햇발
김용택	밤 편지 / 이 바쁜 때 웬 설사 / 콩, 너는 죽었다
김종길	바다로 간 나비
김종삼	장편 2
김춘수	봄
도종환	수제비 / 어떤 마을 / 종례 시간 / 흔들리며 피는 꽃 / 어떤 마을
박두순	처음 안 일
박두진	하늘 / 해
박목월	물새알 산새알 / 봄바람 / 산도화
박성룡	풀잎
박성우	신나는 악몽
박화목	38도선
반칠환	노랑제비꽃
복효근	토란잎에 궁그는 물방울같이는
손동연	송아지가 아프면

시인	제목
손택수	아버지의 등을 밀며
신동엽	봄은
심훈	그날이 오면
안도현	살구꽃 지는 날 / 연탄 한 장 / 우리가 눈발이라면 / 제비꽃에 대하여 / 철길
양정자	가을 소녀들
오세영	3월
오장환	양
오탁번	밤
용혜원	봄 꽃피는 날
유치환	행복
윤동주	굴뚝 / 밤 / 새로운 길 / 햇빛 · 바람 / 오줌싸개지도
윤부현	바다
윤선도	오우가
이병기	별 / 오동꽃
이성미	벼락
이시영	마음의 고향 / 무지개 / 성장
이용악	꽃가루 속에
이육사	청포도
이은상	그 집 앞
이응인	민들레
이의리	소나기
이장희	봄은 고양이로다
이한직	낙타
이호우	개화
전봉건	미끄럼틀
정완영	배밭 머리
정일근	바다가 보이는 교실
정지용	말 / 해바라기 씨 / 호수
정진규	별
정호승	내가 사랑하는 사람 / 풀잎에도 상처가 있다
조병화	해마다 봄이 되면

중학교 대비 문학 작품

시인	제목
최병홍	석류
최승호	오솔길
피천득	꽃씨와 도둑
허영자	행복
홍윤숙	오라! 이 강변으로
황상순	달 내놓아라 달 내놓아라
황인숙	비

소설

저자	제목
헤르만 헤세	공작 나방
윤흥길	기억 속의 들꽃
현덕	나비를 잡는 아버지
김유정	동백꽃
김소연	명혜
권정생	몽실언니
심훈	상록수
황순원	소나기
전성태	소를 줍다
이은성	소설 동의보감
오정희	소음 공해
하근찬	수난 2대
위기철	아홉 살 인생
성석제	약방 할매
이문열	우리들의 일그러진 영웅
이현주	육촌 형
박완서	자전거 도둑
권정생	진구네가 겪었던 그해 여름 이야기
현덕	하늘은 맑건만

저자	제목
황순원	학
오승희	할머니를 따라간 메주
정호승	항아리
허균	홍길동전

저자	제목
장영희	괜찮아
곽재구	그림 엽서
정채봉	나와 가족 별명을 찾아서
이규보	나 홀로 즐거운 집
안철수	내 삶의 가치
오토다케 히로타다	내 인생의 스승님
임숙현	내가 꿈꾸는 세상
와그너	내가 본 한국의 아이들
최성각	달려라 냇물아
윤오영	달밤
김장환	때묻은 십원짜리는 어디로 갔을까
도종환	매미
법정	먹어서 죽는다
헬렌 켈러	모든 사물에는 이름이 있다
박지성	미역국보다 더 따뜻한 말
장석주	민족의 슬픔을 보듬은 시대의 소리꾼
정채봉	별명을 찾아서
윤오영	부끄러움
김남천	부덕이
엄홍길	살아 있는 한 다시 올 수 있다
김민하 외	색 이름을 바꾸어 주세요
박영석	세상에서 가장 따뜻한 장갑

저자	제목
복효근	세상에서 가장 아름다운 손
김병호	숟가락 젓가락
나희덕	실수
최은숙	심재현, 사랑해
박원순	아무나 가져가도 좋소
안네 프랑크	안네의 일기
성석제	어느 날 자전거가 내 삶 속으로 들어왔다
장영희	엄마의 눈물
이문구	열보다 큰 아홉
심훈	옥중에서 어머니께 올리는 글월
이상석	외할매 생각
양귀자	우리 동네 예술가 두 사람
우종영	은행나무가 잃고 얻은 것
안병수	이상한 아이스크림 회사
이현주	자기만의 몫을 찾아서
자루니 숫상	자루니의 사랑 편지
잭 캔필드 외	전부 무료
윤구병	제비의 속도와 날벌레의 속도
김인숙	제주의 빛 김만덕
간디	종족에서 추방되다
김용택	책을 따라다니며
이시형	축복받은 성격
박재동	카자흐 족의 연애
최형국	코끼리, 왕발톱 연쇄 살인 사건
박지원	큰누님 증 정부인 박씨 묘지명
잭 캔필드 외	테디 베어
류시화	피리 부는 노인
한비야	한 줌의 씨앗
한수연	할아버지 손은 약손
박경화	핸드폰과 고릴라의 함수 관계
강래우	헬로 인디아